Tilly Miller
Konstruktivismus und Systemtheorie

Soziale Arbeit und ihre erkenntnistheoretischen Zugänge

Herausgegeben von
Markus Hundeck | Eric Mührel

Tilly Miller

Konstruktivismus und Systemtheorie

Die Autorin

Prof. Dr. Tilly Miller ist Professorin für Sozialarbeit/Sozialpädagogik und Politikwissenschaft an der Katholischen Stiftungsfachhochschule München.

Dieses Buch ist erhältlich als:
ISBN 978-3-7799-3953-5 Print
ISBN 978-3-7799-5226-8 E-Book (PDF)

1. Auflage 2021

in der Verlagsgruppe Beltz · Weinheim Basel
Werderstraße 10, 69469 Weinheim

Herstellung und Satz: Ulrike Poppel
Druck und Bindung: Beltz Grafische Betriebe, Bad Langensalza
Printed in Germany

Weitere Informationen zu unseren Autor_innen und Titeln finden Sie unter: www.beltz.de

Vorwort

Dieses Buch wurde zu einem erheblichen Teil im Jahr 2020, also in der Zeit der Corona-Pandemie geschrieben. Während viele Systeme durch den Lockdown mehr oder weniger zum Stillstand kamen, arbeiteten die Hochschulen auf Hochtouren. Vor allem musste die Präsenzlehre auf Distance Learning umgestellt werden. Als Hochschullehrerin war es für mich erstaunlich zu beobachten, wie flexibel sich Menschen und Systeme auf die neuen Herausforderungen einstellten, wie anpassungsfähig sie waren, bereit, das Beste aus der Situation zu machen: die Hochschulleitung, die Kolleginnen und Kollegen, die IT, die Verwaltung und die Studierenden. Ihre Zusammenarbeit führte letztlich zum Gelingen dieser herausfordernden Transformation. Es waren die Menschen, die sich im System Hochschule auf neue Wege begeben haben!

Diesen Aspekt möchte ich hier betonen, weil in diesem Buch eine Erkenntnistheorie vorgestellt wird, die nicht Menschen ins Zentrum setzt, sondern Systeme. In dieser Phase ein Buch zu schreiben, über Konstruktivismus und Systemtheorie, war herausfordernd und gleichsam spannend, weil ich vor dem Hintergrund meiner systemischen Beobachtung Systemtransformationen erlebte, die zuvor schwer vorstellbar waren.

Wir alle, so scheint es, befinden uns inmitten einer gesellschaftlichen Umbruchphase. Mir war es wichtig, diesen Aspekt auch in diesen Band einzubringen. Die Frage stellt sich nämlich, inwieweit Niklas Luhmanns soziologische Systemtheorie Hinweise geben kann zur Analyse dessen, was im beginnenden 21. Jahrhundert gesellschaftlich beobachtbar ist. In Kapitel zwei werde ich darauf näher eingehen.

Dass dieser Band in der vorgelegten Form erscheinen konnte, ist Prof. Dr. Markus Hundeck und Prof. Dr. Eric Mührel zu verdanken, die mit der Reihe ‚Erkenntnistheorien der Sozialen Arbeit' ein wichtiges und umfangreiches Veröffentlichungsprojekt in Angriff genommen haben und damit eine klaffende theoretische Lücke in der Wissenschaft Sozialer Arbeit schließen.

Danken möchte ich der Katholischen Stiftungshochschule, dass sie mir zwei halbe Forschungssemester für dieses Buchprojekt eingeräumt hat.

Mein herzlicher Dank geht an Prof. Dr. Werner Goebel, der dieses Projekt diskursiv und mit kritischer Textdurchsicht begleitet hat.

Und schließlich geht mein freundlicher Dank an Konrad Bronberger von der Verlagsgruppe Beltz für seine konstruktive Unterstützung und sein umsichtiges Lektorat.

Inhalt

Einleitung

Im Zentrum dieses Bandes stehen der Konstruktivismus und die Systemtheorie. Genauer gesagt: der Konstruktivismus und die soziologische Systemtheorie als Erkenntnistheorien. Studierende der Sozialen Arbeit lernen im Laufe ihres Studiums verschiedene sozialarbeits- und bezugswissenschaftliche Theorien kennen, vorwiegend mit dem Ziel, deren Essenzen an Praxisfälle anzulegen, um diese theoriegestützt zu bearbeiten. Die Einzeltheorien stellen in sich schlüssige Theoriearchitekturen dar, haben aber durchaus Schnittstellen zueinander und grenzen sich gleichzeitig voneinander ab. Im Umgang mit der Theorievielfalt braucht es Navigationssysteme. Fehlen uns diese, sehen wir den Wald vor lauter Bäumen nicht mehr. Heißt: Theorien werden in einem Nebeneinander gelernt und vielleicht sogar wahllos aufeinander bezogen, obwohl sie sich gegebenenfalls widersprechen.

Die Reihe „Erkenntnistheorien der Sozialen Arbeit“ bietet solche Navigationssysteme, um besser zu verstehen, auf welcher Grundlage Theorien modelliert werden und was den Kern von Einzeltheorien ausmacht. Theorien werden nicht einfach entwickelt, sondern Theorien haben Fundamente und Baupläne, die ihnen die verschiedenen Erkenntnistheorien liefern. Wenn wir diese Baupläne verstehen, dann verstehen wir nicht nur, wie Wissenschaft funktioniert und wie Theoriebildung erfolgt, sondern wir können auch die Einzeltheorien in der Sozialen Arbeit sowie ihre Bezugswissenschaften hinsichtlich ihres Ansatzes und ihrer Reichweite einordnen. Wir erkennen Schnittstellen zu anderen Theorien wie auch basale Unterschiede.

Der Umgang mit Theorien ist vielschichtig und herausfordernd. Damit der Umgang vor allem auch spannend ist, die wissenschaftliche Neugier weckt und Freude macht, braucht es eine erkenntnistheoretische Landkarte, mit deren Hilfe wir theoretisch navigieren können.

Im vorgelegten Band erfahren Sie, was sich hinter dem Begriff *Erkenntnistheorie* verbirgt. Sie werden verstehen, wie Wissenschaft arbeitet und auf welchen Wegen sie Erkenntnisse gewinnt. Überhaupt werden Sie erfahren, wie wir erkennen können und wie wissenschaftliches Wissen einzuordnen ist. Sie werden verstehen, wie die verschiedenen Zugänge der Erkenntnisgewinnung von den Sozial- und Geisteswissenschaften genutzt werden, um daraus spezifische Theorien zu entwickeln – Theorien, die Sie im Studium kennenlernen, die Sie anwendungsorientiert verarbeiten und die Sie bisher womöglich, wenn Sie über kein entsprechendes wissenschaftstheoretisches Landkartensystem verfügen, mehr oder weniger in einem beliebigen Nebeneinander betrachtet haben. Aus einer erkenntnistheoretischen Perspektive können Sie die Reichweite einer Theorie ermessen, was also einzelne Theorien in den Blick nehmen, was nicht, was sie erfassen, erklären und zum Problemverstehen beitragen können und was im Dunkeln bleibt, wo also ihre Grenzen liegen. Um die Reichweite geht es selbstverständlich auch im vorliegenden Band. Auch hier werden kritische Fragen hinsichtlich der Reichweiten des Konstruktivismus und der Systemtheorie aufgeworfen.

Um gleich vorweg Missverständnissen vorzubeugen: Weder gibt es *den* Konstruktivismus noch *die* Systemtheorie, sondern es existieren verschiedene Ansätze und Schulen. Wir müssen deshalb einen Fokus setzen und beschäftigen uns mit dem *Radikalen und sozialen Konstruktivismus* und mit der *soziologischen Systemtheorie von Niklas Luhmann*. Diese Zugänge sind Ihnen womöglich nicht ganz neu. Etliche theoretische Konzepte der Sozialen Arbeit, Erziehungswissenschaften oder Psychologie fußen auf diesen Zugängen. Bekannt ist etwa Paul Watzlawick, der danach fragt: Wie wirklich ist die Wirklichkeit? Niklas Luhmann findet sich in diversen Theoriekonzepten der Sozialen Arbeit. In diesem Band geht es um einen vertiefenden Blick auf diese Zugänge, und zwar aus erkenntnistheoretischer und wissenschaftstheoretischer Perspektive. Die Kombination ‚Erkenntnis – Konstruktivismus – Systemtheorie' ist nicht zufällig. Alle drei Begriffe verweisen aufeinander und sind relationiert.

Die genuine Aufgabe und Funktion von Wissenschaft ist es, Erkenntnisse zu gewinnen. Die grundlegende Frage lautet, *wie* sie Erkenntnisse gewinnt. Der Schlüssel sind methodische Verfahren. Die Sozial- und Geisteswissenschaften verfügen über verschiedene methodische Verfahren, so etwa die Hermeneutik und die Phänomenologie. Es gibt empirische Verfahren, kritische Verfahren und eben auch systemtheoretische Verfahren der Erkenntnisgewinnung.

Konstruktivistische Theorien erklären uns, wie wir erkennen und was wir erkennen können. Sie beschreiben die Grenzen unserer alltäglichen und wissenschaftlichen Erkenntnisfähigkeit. Systemtheoretische Zugänge bieten Begriffe, Kategorien und Aussagen, um auf komplexe soziale Wirklichkeiten zuzugreifen und damit auch auf komplexe soziale Lebenssituationen, die es im Rahmen der Sozialen Arbeit zu beschreiben und in der Praxis zu bewältigen gilt. Sie bieten uns *methodologisches* und *methodisches* Werkzeug, um Komplexität zu erfassen. Die Begrifflichkeiten *methodologisch* und *methodisch* werden wir im Weiteren noch vertiefen.

Die vorliegende Reihe soll verdeutlichen, dass es verschiedene Zugänge der wissenschaftlichen Erkenntnisgewinnung gibt. Es gibt also nicht den allein richtigen Zugang der Erkenntnisgewinnung. Lediglich gibt es historisch und zeitgeschichtlich in den jeweiligen Disziplinen, so auch in der Sozialen Arbeit, einen so genannten Trend. Der konstruktivistische und systemtheoretische Zugang liegt aktuell im Trend. Das bedeutet aber nicht, dass andere Zugänge weniger wichtig wären. Mit Hilfe der spezifischen Ausrichtung dieses Bandes auf den Konstruktivismus und die Systemtheorie erhalten Sie eine wissenschaftliche Orientierung, um

- sich in der Theorielandschaft Ihrer Disziplin besser zurechtzufinden,
- Wissenschaft grundsätzlich in ihrer Funktion und Arbeitsweise zu verstehen,
- die Bedeutung von Erkenntnistheorien und Wissenschaftstheorien exemplarisch durch den hier gesetzten Fokus zu erfassen,
- die Bedeutung von Erkenntnistheorien und Wissenschaftstheorien als Voraussetzung für die Theoriebildung zu verstehen,
- die Bedeutung von Erkenntnistheorien und Wissenschaftstheorien für die Soziale Arbeit als Wissenschaft, Disziplin und Bezugswissenschaft zu verstehen und schließlich
- um die Bedeutung von konstruktivistischen und systemtheoretischen Zugängen für das professionelle Handeln zu schärfen.

Über Erkenntnistheorien und Wissenschaftstheorien ist bereits Etliches geschrieben worden. Diese vorliegenden Texte sind jedoch meist so gerafft und abstrakt gehalten, dass sie im Grunde nur für Geübte und Expert*innen zugänglich sind. Diese Richtung auf dem Fachbuchmarkt zu verstärken macht also wenig Sinn. Deshalb ist es mein Ziel, den Text so zu gestalten, dass er lesbar und verstehbar ist. Freilich braucht es, liebe Leserin, lieber Leser, Ihre Mitarbeit. Bei jedem fachlichen Text braucht es eine Bereitschaft des Wissenwollens und einen langen Atem. Wenn Sie sich darauf einlassen, dann verspricht diese Reise spannend zu werden. Etliche Ungereimtheiten über Wissenschaft werden sich dann in Gereimtheiten umwandeln lassen, manches fällt Ihnen wie Schuppen von den Augen, es wird Aha-Effekte geben und wenn Sie Glück haben, bekommen Sie richtig Freude an der Wissenschaft, wenn Sie sie nicht schon haben.

Kurz noch zu meiner Person: Für diesen Band wurde ich von den Herausgebern angefragt. Seit den 1990er Jahren beschäftige ich mich intensiv mit der Systemtheorie Luhmanns und dem Konstruktivismus, und zwar im Kontext Sozialer Arbeit (vgl. Miller 2001; 2012). Von der grundsätzlichen Brauchbarkeit der Ansätze überzeugt, ging es mir anfangs darum, den Ansatz Luhmanns als Reflexionstheorie für die Theorie und Praxis Sozialer Arbeit zu nutzen, und ich versuchte deren Potenziale aufzuzeigen (Miller 2001). Darauf aufbauend habe ich dann eine Kernbestimmung Sozialer Arbeit vorgelegt (Miller 2012). Mir ist es dabei stets wichtig gewesen, die Grenzen der Reichweite systemtheoretischer und konstruktivistischer Zugänge aufzuzeigen und darauf hinzuweisen, dass es weitere Anschlusstheorien braucht, um das komplexe Feld Sozialer Arbeit theoretisch und praktisch zu bearbeiten. Vor allem die gesellschaftlichen Entwicklungsprozesse seit den 1990er Jahren zeigen, dass wir uns strukturell zunehmend in einer lokalen und globalen Vernetzung befinden. Der systemtheoretische Erklärungshorizont hierfür ist teils aufschlussgebend und gleichzeitig, wie ich meine, begrenzt. Darauf werde ich in dieser Schrift entsprechend eingehen. Zum konstruktivistisch-systemtheoretischen Zugang habe ich also einen aufgeschlossenen wie kritischen Zugang. Mir ist es wichtig, dies offenzulegen, damit Sie als Leser*in nachvollziehen können, vor welchem Hintergrund ich argumentiere.

Der Band ist wie folgt gegliedert: Zunächst erfolgt eine Hinführung zum Thema. Im zweiten Kapitel werden der Radikale und soziale Konstruktivismus sowie die soziologische Systemtheorie mit Hilfe der jeweils basalen Begriffe und Aussagen dargelegt, samt ihrer historischen Genese. Es handelt sich um das umfassendste Kapitel in diesem Band. Im darauffolgenden Kapitel geht es um die Bedeutung dieser Erkenntnistheorien für die Wissenschaft der Sozialen Arbeit. Im vierten Kapitel wird anhand ausgewählter Aspekte die Bedeutung des hier gewählten Zugangs für das methodische Handeln in der Sozialen Arbeit geschärft. Wir nehmen an dieser Stelle auch einen Begriffswechsel von *systemtheoretisch* zu *systemisch* vor. Statt einer Zusammenfassung endet der Band mit einem Nachwort.

1 Hinführung

Bevor wir uns mit ‚Erkenntnis – Konstruktivismus – Systemtheorie' beschäftigen, geht es im Folgenden zunächst um Wissenschaft an sich. Erst wenn Sie Wissenschaft in ihrem Tun verstehen, macht es Sinn, zum eigentlichen Thema dieses Bandes überzugehen. Die Frage lautet, welchen Erkenntnisanspruch Wissenschaft hat, wie sie Erkenntnisse produziert und wie wissenschaftliche Erkenntnisse einzuordnen sind.

1.1 Vom menschlichen Erkennen zum wissenschaftlichen Erkennen

Menschen sind wissbegierig, sind neugierig, wollen Zusammenhänge erfassen, Neues entdecken und das Neue entsprechend einordnen. Der Mensch zielt auf Erkenntnis und darauf, mit Erkenntnissen sein Leben einzuordnen und zu gestalten. Erkenntnisse generieren wir auf verschiedenen Wegen. Aus mythologischen Erkenntnisquellen, z. B. der Bibel, erfahren wir, wie die Welt erschaffen wurde, heißt, über Erzählungen, Symbole und Allegorien werden uns Mysterien des Lebens vermittelt (vgl. Eberhard 1999, S. 22 ff.). Darüber hinaus können sich menschliche Erkenntnisse durch Träume ergeben, sozusagen als Orientierungsmarken für kleine und große Lebensfragen und Problemlösungen. Des Weiteren verfügen wir über intuitives Erkennen, wir spüren, erahnen etwas Bedeutsames, wenn etwa innere Bilder aufsteigen und wir plötzlich Zusammenhänge erfassen. Aufsteigende Bilder können freilich auch verzerrt daherkommen, beispielsweise bei Menschen mit Schizophrenie oder Demenz. Wir verfügen über *bewusste* Zugänge durch Wahrnehmung und Beobachtung, durch Erfahrung, Einsicht, und die Auseinandersetzung mit Wissen. Es gibt also unterschiedliche Wege des Erkenntnisgewinns, Wege, die sich in unserem Alltag durchaus kreuzen und vermischen. Zu den bewussten Erkenntniswegen zählen die wissenschaftlichen, die wir im Folgenden näher betrachten.

Bei all den unterschiedlichen Erkenntniswegen stellt sich jeweils die Frage nach der Qualität des Erkennens. Wie häufig fragen wir uns, worauf unsere Erkenntnisse und unsere Überzeugungen beruhen? Wie gründlich haben wir uns mit einem Sachverhalt beschäftigt, um darüber zu urteilen? Das kritische und immer wieder prüfende Erkennen ist Sache der Wissenschaft und damit einhergehend derjenigen, die im Kontext von Wissenschaft denken und handeln.

Der Begriff der Erkenntnis ist, wie häufig in der Wissenschaft, nicht eindeutig geklärt. Wenngleich es keine Übereinkünfte in der Begriffsexplikation gibt, verweist der Begriff der Erkenntnis auf etwas Erkanntes als Ergebnis eines Erkenntnisprozesses. Ein Erkenntnisprozess, und damit der spezifische Weg des Erkennens, führt zur Erkenntnis. Das „Er“ im Wort *Er-kenntnis* deutet auf einen Subjektbezug. „Er“ erkennt, freilich auch „Sie“, die weibliche Form ist eingeschlossen. Aus philosophischer Perspektive ist Erkennen ein Akt des Subjekts in der Beschäftigung mit einem Objekt, also einem Gegenstand. Dieser Hinweis ist wichtig, denn in der Welt der Künstlichen Intelligenz (KI) geht es gleichfalls um das Erkennen. Lernende künstliche intelligente Systeme erweitern laufend ihr Wissen durch Wissenszufuhr wie auch durch prozessuale Erfahrung und sind darauf spezialisiert, komplexe praktische Probleme beispielsweise im Gesundheitswesen nicht nur zu erkennen und zu lösen, sondern ständig dazuzulernen. Inwieweit künstliche intelligente Systeme erkenntnisfähig sind und sein werden, ist eine Frage, der wir hier nicht näher nachgehen, die aber eine philosophische Grundsatzfrage berührt. Wir konzentrieren uns im Weiteren auf die subjektbezogene Erkenntnis.

Mit dem Begriff der Erkenntnistheorie betreten wir das Terrain der Philosophie. Ein älterer und analoger Begriff ist auch die Epistemologie (griech.: Episteme = Wissen). Die Erkenntnistheorie zielt auf grundlegende Fragen wie etwa:

- Was ist Erkenntnis?
- Wie können wir erkennen und was können wir erkennen?
- Wie funktioniert Erkennen und wie weit reicht die Erkenntnis?
- Überhaupt: Wie sicher ist unsere Erkenntnis und worauf beruht ihre Sicherheit?
- Wie „wahr“ ist unsere Erkenntnis?

Genauer betrachtet geht es hier um die Subjekt-Objekt-Relation, das heißt, ein Subjekt erkennt ein Objekt, erkennt einen Sachverhalt. Die Frage, die sich stellt, ist: Erkennt das Subjekt den Sachverhalt 1:1? Ist eine solche abbildende Erkenntnis überhaupt möglich? Können wir Wirklichkeit sehen, wie sie ist? Oder konstruieren wir Wirklichkeit nach unseren subjektiven Vorgaben? Wenn ja, gibt es überhaupt eine Realität unabhängig von menschlichem Erkennen? Anders formuliert: Existiert eine objektive Welt unabhängig vom Erkenntnissubjekt?

Die Philosophie blickt nicht nur auf eine lange Geschichte der Erkenntnistheorie zurück, die in der Antike beginnt, über das Mittelalter führt, die Neuzeit (u. a. René Descartes, John Locke, Gottfried Wilhelm Leibnitz) und weiter zu Immanuel Kant, dann hinein ins 19. und 20. Jahrhundert bis zur Gegenwart, sondern sie vermittelt durchaus kontroverse Antworten und Positionen zu den gestellten Fragen des Erkennens (vgl. u. a. Baumann 2006; Janich 2000).

Wissenschaft ist genuin auf Erkenntnis ausgerichtet und produziert vor diesem Hintergrund Wissen in Form von Theorien, Daten und Fakten. Das wissenschaftlich erzeugte Wissen ist sozusagen das Endprodukt von formalisierten und standardisierten Erkenntniswegen. Damit ist der Weg der Wissensgenerierung gemeint. Und hier kommt der *Wahrheitsanspruch* ins Spiel. Wissenschaft zielt in ihrem Erkennen auf *Wahrheit*. Es geht also um *wahre Erkenntnisse*. Jedoch: Was ist wahr? Gemeint ist nicht religiöse Wahrheit mit einem Letztbegründungsanspruch. Vielmehr geht es in der Wissenschaft um wahre Aussagen, die begründet oder empirisch nachgewiesen sind und die durch geregelte methodische Verfahren, also formalisierte Erkenntniswege, zustande kommen. Die Bedeutung liegt im Plural. Im System Wissenschaft gibt es verschiedene methodische Verfahren der Erkenntnisgewinnung, beispielsweise phänomenologische Verfahren, hermeneutische Verfahren, kritisch-theoretische Verfahren, empirische Verfahren, systemtheoretische Verfahren u. a.m. Sinn dieser Buchreihe ist es, mit jedem Band Zugang zu einer bestimmten Erkenntnistheorie zu bekommen. In diesem Band: den Zugang zum Konstruktivismus und zur Systemtheorie.

Im Rahmen ihrer Erkenntnisarbeit und dem jeweils gewählten methodischen Weg will Wissenschaft Sachverhalte *beschreiben*, darüber hinaus will sie diese *verstehen* oder *erklären, sie will prognostizieren* und gegebenenfalls *bewerten*. Diese Begriffe verweisen bereits auf bestimmte Erkenntnisverfahren. Die Hermeneutik etwa zielt auf Sinnverstehen und nicht auf Erklären oder Bewerten. Der Kritische Rationalismus zielt auf Erklären und Prognostizieren, aber nicht auf Verstehen oder Bewerten. Die Systemtheorie will komplexe Zusammenhänge erklären und nicht bewerten und der Konstruktivismus beschäftigt sich mit der Frage, ob wir Welt überhaupt erkennen können.

Wenn Sie eine wissenschaftliche Arbeit planen, brauchen Sie eine geeignete Fragestellung. Jedes wissenschaftliche Tun beginnt mit einer Frage! Eine Frage könnte lauten: Was sind die Ursachen von Magersucht bei Minderjährigen? Der Forschungsfrage folgt dann die Überlegung hinsichtlich eines geeigneten Forschungswegs. Auf welchem methodischen Weg wollen Sie Ihre Frage bearbeiten? Mit Ihrer Fragestellung haben Sie ein *erkenntnisleitendes Interesse*, verfolgen also eine Absicht in Bezug auf Ihren Forschungsprozess. Darauf baut die Entscheidung über den geeigneten Forschungsweg auf.

Sie können beispielsweise eine qualitative Studie mit einer kleinen Stichprobenzahl anlegen, um das magersüchtige Essverhalten Minderjähriger zu *verstehen*, ihre inneren Beweggründe etwa. Sie können auch eine quantitative Studie mit einer hohen Stichprobenzahl anlegen, um nach Ursachen zu fragen. Dann haben Sie ein kausales Erkenntnisinteresse, das auf die Erklärung von Ursachen zielt. Die Frage lautet hier: Warum ist das so?

Sie können Ihr Erkenntnisinteresse auch mit Hilfe eines systemtheoretischen Zugangs verfolgen. Hier geht es dann um das Erfassen komplexer Problemzusammenhänge und Einflussfaktoren. Und freilich können Sie auch mit einem Methodenmix arbeiten, also beispielsweise quantitativ und systemtheoretisch oder qualitativ und quantitativ. Es gibt also verschiedene methodische Spielarten.

Mit Hilfe konstruktivistischer Zugänge können Sie dann den tatsächlichen

Erkenntnisgehalt ihres methodisch eingeschlagenen Erkenntnisweges reflektieren. Hier stellt sich dann die Frage, inwieweit die gewonnenen Erkenntnisse Wirklichkeit tatsächlich abbilden können.

Die Wahl des methodischen Erkenntnisweges erfolgt durch eine bewusste und begründete Entscheidung. Damit einher geht die kritische Frage nach der Reichweite des methodisch eingeschlagenen Weges, was er leisten kann und wo sich blinde Flecken auftun.

Wenn Sie im Rahmen des Bachelor- oder Masterstudiums eine theoriegestützte wissenschaftliche Arbeit vorsehen und dazu diverses Wissen recherchieren, Fachbücher wälzen, Links auswählen und Exzerpieren, dann sollten Sie darauf achten, auf welcher erkenntnistheoretischen Basis das von Ihnen herangezogene Wissen erzeugt wurde, um dieses Wissen in seinem Zustandekommen einzuordnen. Handelt es sich um eine empirische Studie – qualitativ oder quantitativ? Handelt es sich um ein durch hermeneutische Reflexionen erzeugtes Wissen? Wenn Sie beispielsweise vorgeben, eine Fragestellung systemtheoretisch zu erörtern und dabei unachtsamer Weise hermeneutisch oder kritisch-theoretisch erzeugte Erkenntnisse heranziehen, weil Sie diese zufällig in der Bibliothek im Bücherregal oder beim virtuellen Recherchieren entdeckt haben, und Sie nicht begründen können, warum dieser Wissens-Mix für Ihre Fragestellung Sinn macht, dann laufen Sie Gefahr, einen wissenschaftlichen Wolpertinger zu produzieren, einen Kraut-und-Rüben-Salat. Erst wenn Sie über erkenntnistheoretisches und wissenschaftstheoretisches Know-how verfügen, können Sie sich einigermaßen sicher und orientiert in der Wissenschaftslandschaft bewegen.

Am Anfang wissenschaftlichen Tuns steht die *Fragestellung und das Erkenntnisinteresse* der forschenden Person. Um die Frage zu beantworten, braucht es einen *methodischen Weg*. Wissenschaftliches Wissen wird über festgelegte methodische Wege bzw. Verfahren gewonnen.

Das Spannende und gleichsam Herausfordernde ist, die verschiedenen methodischen Wege der Erkenntnisgewinnung zu unterscheiden. Wie gesagt, diese zielen insbesondere auf *Verstehen, Erklären, Komplexität erfassen, Bewerten.*

Die je spezifischen Erkenntniswege haben ihre jeweilige Reichweite und damit einhergehend Möglichkeiten der Erkenntnisgewinnung wie auch Grenzen. Lapidar ausgedrückt: Mit dem jeweiligen Zugang kann ich Bestimmtes erfassen, und Bestimmtes nicht! Die Wege unterscheiden sich grundsätzlich, geradezu fundamental. Systemtheoretisches Forschen ist methodisch gänzlich anders angelegt als etwa quantitativ empirisches Forschen. Sprechen wir also von den verschiedenen Erkenntnistheorien, so stehen dahinter verschiedene Wege, um zur Erkenntnis zu gelangen.

In den Sozialwissenschaften wird immer wieder darüber diskutiert, welche

Erkenntniswege die besseren und leistungsfähigeren sind. Es gibt also auch hier Konkurrenzen. Der Kritische Rationalismus (Popper), der unter dem Label „exakte Wissenschaften“ firmiert, vertritt einen Wissenschaftsbegriff, der sich gegen verstehende und bewertende Ansätze stellt. Naturwissenschaftlich orientiert geht es hier um das Messen, Quantifizieren und das stetige Bemühen, Ergebnisse zu prüfen und zu falsifizieren. Der Höhepunkt des vor diesem Hintergrund entstehenden Wissenschaftsstreits war in den Anfängen der 1960er Jahre, bekanntgeworden unter den Begriffen „Werturteilsproblem“ und „Positivismusstreit“ (vgl. Albert/Topitsch 1971). Der Werturteilsstreit entzündete sich seinerzeit vor allem im Kontext der *Kritischen Theorie* und ihres politischen Programms der kritischen Gesellschaftsanalyse mit dem Ziel der Gesellschaftsveränderung. Wissenschaft, insbesondere Sozialwissenschaft müsse werten, so das Plädoyer von Jürgen Habermas, insbesondere wenn es um den Menschen und das soziale Zusammenleben gehe. Karl Popper widersprach dieser Auffassung im Kontext des Kritischen Rationalismus. Wissenschaft müsse auf operationalisierbaren Wegen Erkenntnisse im Sinne von Einzellösungen beibringen und müsse sich dem kritischen Prüfen verpflichten. Aus seiner Perspektive lassen sich Aussagen nicht beweisen, sondern bestenfalls falsifizieren. Bewerten ziele auf einen Richtigkeitsanspruch, den Wissenschaft nicht haben könne!

Der Werturteilsstreit ist bis heute nicht beigelegt, jedoch zeigt sich die Wissenschaft zunehmend entspannter und toleranter. Alte Borniertheiten haben sich nicht zuletzt auch durch englischsprachige Forschungspraktiken der *Mixed Methods* gelegt. Insbesondere in der Empirie in den Sozial- und Gesundheitswissenschaften finden sich in den unterschiedlichen Disziplinen häufig Forschungsdesigns auf der Basis von Methodenmix. Eine Forschungsfrage wird also mit Hilfe unterschiedlicher Wege erforscht. Beispielsweise werden erste Hypothesen durch einen qualitativen Forschungszugang generiert (z. B. hermeneutisch), um diese dann mit Hilfe einer größeren Stichprobe quantitativ zu prüfen (vgl. Hussy/Schreier/Echterhoff 2013). Auch ist es möglich, auf der Basis systemtheoretischer Analysen gewisse Problemzusammenhänge zu analysieren, um darauf aufbauend eine kritische Gesellschaftsanalyse anzuschließen. Ein Methodenmix gleicht einem Tanz auf dem Wissenschaftsparkett. In der Wissenschaft ist vieles erlaubt, wenn Sie begründen können, was Sie warum tun und für welche Methodenarrangements Sie sich entscheiden. Der Methodenmix, wenn er professionell erfolgt, erweitert in der Regel die Erkenntnisbasis und lässt den Geübten, die Meisterin im Umgang mit Wissenschaft erkennen.

Im Kontext der verschiedenen methodischen Verfahren entfesselte sich ein Methodenstreit über die Tauglichkeit und Wissenschaftlichkeit bestimmter methodischer Verfahren der Erkenntnisgewinnung. Gegenwärtig ist mehr vom Methodenmix die Rede.

1.2 Was es mit der Subjekt-Objekt-Verbindung und -Trennung auf sich hat

Die jeweiligen Erkenntnistheorien unterscheiden sich also in ihren Verfahren der Erkenntnisgewinnung. Um diese Unterschiede noch deutlicher zu markieren, helfen die Begriffe der *Subjekt-Objekt-Verbindung* und der *Subjekt-Objekt-Trennung*. Mit *Subjekt* ist die forschende Person gemeint. Der Begriff des *Objekts* beschreibt den zu beforschenden Gegenstand.

Die grundsätzliche erkenntnistheoretische Frage lautet, ob es möglich ist, dass wir, als Forschende, sozusagen als Subjekte des Forschungsprozesses Welt an sich erkennen können. Die Hermeneutik, die Phänomenologie, der Konstruktivismus, die Systemtheorie haben dazu eine eindeutige Antwort. Sie lautet, dass uns dies nicht möglich ist! Vielmehr können wir Welt und was wir wahrnehmen nur deuten und interpretieren und durch unseren eigenen subjektiven Filter konstruieren. Aus diesem Grunde, so die Annahme, stehen wir in einer *Subjekt-Objekt-Verbindung*. Wir sind aus dieser Perspektive keine unabhängigen Beobachter*innen und Deuter*innen. Selbst im Wissenschaftsprozess gelingt uns keine Trennung vom Objekt, so die Annahme.

Lediglich der Kritische Rationalismus geht davon aus, dass eine *Subjekt-Objekt-Trennung* möglich ist. Dies gelingt, so die Annahme, durch methodische Verfahren. Der Kritische Rationalismus zählt sich mit seinen hypothesenbildenden und quantitativen empirischen Verfahren zu den exakten Wissenschaften. Über methodische Verfahren soll es gelingen, dass der Forschungsprozess nicht subjektiv beeinflusst wird, sondern dass er klar operationalisierbar wird. Operationalisierbar bedeutet, den Forschungsprozess in klare Schritte zu gliedern, und zwar mit Hilfe eines Forschungsdesigns, das wiederholbar ist und von verschiedenen Personen durchgeführt werden kann (Intersubjektivität).

Durch die Begriffe der *Subjekt-Objekt-Verbindung* und *Subjekt-Objekt-Trennung* schärfen sich nochmal die Differenzen innerhalb der Erkenntnistheorien. Wenn wir uns im Folgenden weiter mit dem Konstruktivismus und der Systemtheorie beschäftigen, so stehen beide Konzepte in einer Erkenntnistradition der *Subjekt-Objekt-Verbindung*. Die forschende Person (Subjekt), so die Grundannahme, ist mit ihren Deutungen, Erkenntnisinteressen, Erfahrungen und ihrem Vorwissen am Forschungsprozess beteiligt. Und genau das ist die zentrale Herausforderung im wissenschaftlichen Tun. Daher muss das methodische Verfahren Aussagen darüber machen, wie trotz der Subjekt-Objekt-Verbindung, ‚wahre', im Sinne begründeter, Erkenntnisse erzeugt werden können.

Konstruktivistische und systemtheoretische Zugänge gehen von einer Subjekt-Objekt-Verbindung aus.

1.3 Wie lassen sich Erkenntnistheorie und Wissenschaftstheorie unterscheiden?

Die philosophische Beschäftigung mit Erkennen erfolgt mit Hilfe von *Begriffen*. Die Philosophie beschäftigt sich auf *rationale* Weise mit den entsprechenden Fragen. Verschiedene Metatheorien sind dazu entwickelt worden, beispielsweise die Hermeneutik und Phänomenologie.

Fragen des Erkennens und der Erkenntnis stellen ebenso nichtphilosophische Disziplinen wie etwa die Neurowissenschaften, die Psychologie oder die Kognitionsbiologie. Sie gehen nicht den rationalen, also theoretischen Weg, sondern forschen empirisch, um entsprechende Antworten zu bekommen. Wenn wir uns im Folgenden mit systemtheoretisch-konstruktivistischen Zugängen beschäftigen, tun wir dies vor dem Hintergrund philosophischer *und* naturwissenschaftlicher Reflexionen und Forschungen zur Thematik. Historisch verortet sich der moderne naturwissenschaftliche Zugang insbesondere nach dem zweiten Weltkrieg.

Beschäftigt sich die Philosophie mit dem Erkennen des Subjekts, vollziehen die Systemtheorien und der Konstruktivismus eine Verschiebung des Gegenstandes vom Subjekt hin zum *System*. Das ist ein wesentlicher Punkt, den es zu begreifen gilt und der gleichzeitig viel Kritik nach sich zog. Die für die Frage des Erkennens bekannten Grundlagenforscher sind die chilenischen Biologen und Kognitionsforscher Humberto R. Maturana und Francisco J. Varela (vgl. 1982; 2009). Sie richten ihre Forschung auf die Frage, wie Erkennen funktioniert, und beschreiben das kognitive Funktionieren des Gehirns im Sinne eines autopoietisch geschlossenen Systems. Erkennen ist, so Maturana, ein intern geschlossenes Operieren im Rahmen des subjektiv neuronalen Netzwerkes. Die Ergebnisse sind ernüchternd. Der Mensch kann Wahrheit nicht erkennen, so lautet die Aussage. Er kann Wirklichkeit nicht abbilden. Menschen, so die Auffassung, sind lebende Systeme, Gehirne sind lebende Systeme, die nach eigenen Vorgaben operieren und die Umwelt selektiv nach eigenen Modi wahrnehmen. Informationen werden nach eigenen Vorgaben und Belangen verarbeitet und Zeichen entsprechend gedeutet.

Wenn Professionelle beispielsweise Fallkonferenzen machen und einen Fall besprechen, den alle professionsspezifisch bearbeiten, dann gibt es hier nicht nur verschiedenen Perspektiven, die sich aus den unterschiedlichen fachlichen Zugängen ergeben, sondern auch, weil die Beteiligten ihre spezifisch subjektive Wahrnehmung einbringen. Sie bringen sozusagen ihre eigene Welt in die Falldeutung ein. Sie betrachten den Fall durch ihren fachlich-subjektiven Filter. Das, was ‚wirklich' der Fall ist, kann niemand ‚wirklich' wissen.

Seit dem 20. Jahrhundert hat sich neben dem Begriff der Erkenntnistheorie ein neuer Begriff herausgebildet, der Begriff der *Wissenschaftstheorie* (vgl. u. a. Chalmers 1982; Tschamler 1996). Grund war, dass im 19. und 20. Jahrhundert die Philosophie und überhaupt die Geisteswissenschaften in ihrer Bedeutung zurückgedrängt wurden. Die Naturwissenschaften übernahmen die Führung in den Wissenschaften und beanspruchten das Label ‚Wissenschaftlichkeit'. Die sich parallel herausbildenden Sozialwissenschaften nahmen in ihrem forschenden Tun schnell Anleihen bei den Naturwissenschaften. Einflussreich für diesen Weg war insbesondere Karl Popper und der Kritische Rationalismus.

Im Mittelpunkt der Wissenschaftstheorie stehen *methodische Verfahren der Erkenntnisgewinnung.*

Wissenschaftstheorie fragt ebenfalls nach dem *Erkennen*, setzt aber einen anderen Schwerpunkt. So stehen im Zentrum der Wissenschaftstheorie insbesondere die *Wege der Erkenntnisgewinnung* – Wege, die den Anspruch nach sich ziehen, ‚wahre' Aussagen zu machen, und zwar im Sinne von ‚begründet' und ‚nachvollziehbar'. So genannte wahre Aussagen sind nachgewiesene Aussagen, die durch geregelte methodische Verfahren zustande kommen. Solche Verfahren werden zu einem System relationiert, das heißt, sie werden in einen Argumentationszusammenhang gebracht, so dass daraus eine Theorie formuliert werden kann. Die Wissenschaftstheorie beschäftigt sich mehr mit der Struktur von Erkenntnistheorien, stellt methodologische Regeln, Begriffe und Kategorien auf. Es gibt Auffassungen im Fachdiskurs, dass die Wissenschaftstheorie rein empirisch ausgerichtet sei und sich mit regelgeleiteten empirischen Verfahren auseinandersetze. Andere Auffassungen machen deutlich, dass sich Wissenschaftstheorie mit allen Erkenntnistheorien befasst und die jeweilige Methodologie herausarbeitet. Vor diesem Hintergrund lassen sich auch die Hermeneutik, die Phänomenologie oder auch die Systemtheorie wissenschaftstheoretisch untersuchen. Darüber hinaus gibt es Positionen, die die Unterscheidung zwischen Erkenntnis- und Wissenschaftstheorie ablehnen, und zwar mit dem Hinweis, dass die Erkenntnistheorie in die Wissenschaftstheorie aufgegangen sei und beide eins seien. Zuzustimmen ist sicherlich darin, dass sich Erkenntnistheorie und Wissenschaftstheorie teils mit den gleichen Fragen beschäftigen. Wissenschaftstheorie ist aber nicht notwendigerweise an die Philosophie gebunden und sie präzisiert die methodischen Verfahren der Erkenntnisgewinnung (vgl. u. a. Baumann 2006; Poser 2012; Schülein/Reitze 2016).

Erkenntnistheorie ist an die Philosophie gebunden und fragt in erster Linie nach dem menschlichen Erkennen. Wissenschaftstheorie beschäftigt sich darüber hinaus insbesondere mit der Methodologie von Erkenntnistheorien.

1.4 Worin sich Methoden und Methodologie unterscheiden

Im Forschungskontext sprechen wir von *Methoden* und *Methodologie.* Allgemein lässt sich sagen: Die Methodologie bezeichnet die Lehre von den Forschungsmethoden und ist Teil der Wissenschaftstheorie. Methodologie zielt auf die Beschreibung der grundlegenden Begriffe einer Schule und ihrer methodischen Prinzipien und Verfahren. Vor diesem Hintergrund lassen sich die Methodologien der einzelnen Schulen, etwa Hermeneutik, Phänomenologie, Systemtheorie, Kritischer Rationalismus, unterscheiden.

In Zusammenhang mit der Methodologie einer Schule stellt sich die Frage nach den geeigneten *Methoden* des Erkennens. Methoden sind dann beispielsweise Befragung, Experiment, Gruppendiskussion, Textrecherche, Inhaltsanalyse u. a. Aber: eine Befragung ist nicht gleich eine Befragung. Auch hier gibt es Unterschiede, die sich aus der Methodologie heraus erklären. Eine phänomenologisch orientierte Befragung ist vom Anspruch und Verfahren her anders angelegt als beispielsweise eine quantitative Befragung mit standardisierten Fragebögen.

Wenn wir uns also mit dem Konstruktivismus und der soziologischen Systemtheorie beschäftigen, gilt es sowohl die Methodologie darzulegen wie auch Formen des methodischen Vorgehens.

Die Wissenschaftstheorie beschäftigt sich mit der Methodologie der einzelnen wissenschaftstheoretischen Schulen. Aus diesen wiederum ergeben sich die entsprechenden Methoden.

1.5 Wissenschaftliche Theorieentwicklung setzt Wissenschaftstheorien voraus

Mit Hilfe der Wissenschaftstheorien erfolgt Theoriebildung. Theorien werden nicht einfach gemacht, sondern orientieren sich an Erkenntnistheorien und derer Methodologien.

In struktureller Hinsicht sind Theorien *Systeme allgemeiner inhaltlicher Aussagen mittels eindeutig verwendeter Begriffe, Kategorien und Prinzipien.* Die Aussagen werden in eine Ordnung, d.h. in ein System begründeter und aufeinander bezogener Aussagen gebracht, und zwar dergestalt, dass sie zur Beschreibung, zum Verstehen oder zur Erklärung, ggf. auch zur Prognose oder zur Bewertung von Phänomenen eines Objektbereichs herangezogen werden können. Theorien sind *Landkarten*, um einen Sachverhalt zu beschreiben, zu verstehen oder/und zu erklären oder/und zu bewerten.

Theorien haben unterschiedliche *Reichweiten.* Ein komplexes Problem kann nicht durch eine einfache Theorie erfasst und begriffen werden. Umgekehrt: Wenn man die Tiefe eines Problems ausloten möchte, dann macht es Sinn, reduktiv zu arbeiten und einen wesentlichen Zusammenhang zu erfassen. Die Theorienvielfalt ermöglicht durch unterschiedliche Herangehensweisen Wirklichkeit zu erfassen. Beispielsweise verfügt die Psychologie über verschiedene Theorien, um ein und dasselbe Problem, z. B. Angst, zu erklären (etwa Verhaltenstheorien, Psychoanalyse, Systemische Theorien). Jede Theorie basiert auf einem jeweils anderen methodologischen Erkenntnisweg. Jede Theorie beleuchtet ganz bestimmte Aspekte und andere nicht. Hier bietet sich der Vergleich mit einer Kamera an, und zwar dergestalt, ob mit Zoom oder Weitwinkel gearbeitet wird. Systemtheorien nutzen sozusagen den Weitwinkel, empirische Theorien dagegen zoomen das Detail heran.

Theorien werden also nicht einfach gemacht, sondern basieren auf erkenntnis- und wissenschaftstheoretischen Schulen und Denkkonzepten. Helmut Lambers (vgl. 2018, S. 361 ff.) hat sich die Mühe gemacht, die theoretischen Konzepte der Sozialen Arbeit entsprechend zu verorten. Hans Thiersch und Lothar Böhnisch etwa lassen sich mit ihren alltags- und lebensweltlichen Zugängen u. a. der Hermeneutik, Phänomenologie und Kritischen Theorie zuordnen. Die Ansätze beispielsweise von Heiko Kleve, Björn Kraus, Wilfried Hosemann und Wolfgang Geiling, Jan Volker Wirth und Tilly Miller werden den systemtheoretisch-konstruktivistischen Zugängen zugeordnet.

An dieser Stelle komme ich nochmal auf die Herausforderungen für Studierende in den Sozial- und Geisteswissenschaften zu sprechen, wenn sie sich mit zahllosen interdisziplinären Theorien zu beschäftigen haben, Theorien also, die Mensch und Gesellschaft in den Blick nehmen, philosophisch-anthropologische Ansätze, sozialwissenschaftliche Theorien, die sich beispielsweise mit sozialen Strukturen, Teilhabeproblemen und sozialer Ungleichheit beschäftigen, Gendertheorien u. a.m. Erst mit Hilfe der Erkenntnis- und Wissenschaftstheorien kann es gelingen, die Einzeltheorien einzuordnen, deren Schnittstellen und Unvereinbarkeiten zu erkennen und die Reichweite einer Theorie zu reflektieren.

Eine Theorie ist ein System begründeter und aufeinander bezogener Aussagen mit klar definierten Begriffen, die zur Beschreibung, zum Verstehen oder zur Erklärung, ggf. auch zur Prognose und zur Bewertung von Phänomenen eines Objektbereichs herangezogen werden. Theorien ermöglichen die Bearbeitung eines bestimmten Problems. Die Voraussetzung von Theoriebildung ist das Heranziehen von Erkenntnis- und Wissenschaftstheorien, auf deren Grundlage die Theorie entwickelt wird.

Mit dieser Hinführung soll das Grundgerüst gelegt sein, um Wissenschaft in ihrem Anspruch und Tun zu verstehen. Im nächsten Schritt kommen wir zum Kernthema dieses Bandes und beschäftigen uns mit dem Konstruktivismus und der Systemtheorie.

2 Grundlagen konstruktivistischer Erkenntnistheorien

Im folgenden Kapitel erfahren Sie die Grundlagen konstruktivistischer Erkenntnistheorien. Weder gibt es *den* Konstruktivismus (vgl. Reich 2001) noch *die* Systemtheorie, sondern es gibt unterschiedliche Strömungen, darunter interdisziplinäre Diskurse und Adaptionen etwa in der Biologie, Anthropologie, Kognitionsforschung, Kybernetik, Psychologie und Psychotherapie sowie Soziologie. Die verschiedenen Ansätze nehmen alle mehr oder weniger Anleihen an der *Allgemeinen Systemtheorie* und rekurrieren insbesondere auf das Prinzip der Selbstorganisation von Systemen (vgl. Schmidt 1994b, S. 12).

Die Spuren und Strömungen des Konstruktivismus sind vielfältig (vgl. Jensen 1999; Knorr-Cetina 1989), angefangen von den philosophischen Vorläufern konstruktivistischen Denkens bis hin zur *Erlanger Schule des methodischen Konstruktivismus* um den Philosophen und Mathematiker Paul Lorenzen und dessen Kollegen Wilhelm Kamlah (vgl. Mittelstrass 2008), wie auch dem *Kommunikativen Konstruktivismus* (vgl. Keller et al. 2013), der sich am sozialen Konstruktivismus orientiert.

Der Fokus in diesem Kapitel liegt auf dem *Radikalen Konstruktivismus* und dem *sozialen Konstruktivismus*, die auch in dieser Reihenfolge dargelegt werden. Sie stellen Grundlagenmodelle dar und liefern erkenntnistheoretische Grundannahmen. Die Auswahl begründet sich durch die Adaptation der Ansätze in der Wissenschaft Sozialer Arbeit.

2.1 Konstruktivismus

Die Frage, ob der Mensch Wirklichkeit erkennen kann, wurde bereits von den Vorsokratikern gestellt (vgl. Capelle 2012). Und es bestanden Zweifel! Xenophanes (geb. um 570 v. Chr.) geht davon aus, dass an allem ein Schein hafte, und dass der Mensch das Genaue nicht erblicken könne. Demokrit (geb. um 460 v. Chr.) weist ebenfalls darauf hin, dass wir nicht erkennen können, wie in Wirklichkeit ein jedes Ding beschaffen oder nicht beschaffen ist.

Giambattista Vico (1668-1744), italienischer Geschichts- und Rechtsphilosoph, geht davon aus, dass erkennbar nur das ist, was wir selbst gemacht haben. George Berkeley (1685-1753), irischer Philosoph der Aufklärung und Theologe, ist der Ansicht, dass die Existenz der äußeren Dinge in ihrem Wahrgenommenwerden bestehe. Das Ding an sich könne nicht wahrgenommen werden. Damit widerspricht er unter anderem dem Philosophen John Locke (1632-1704) und dessen Annahme, dass es eine objektive Wirklichkeit gibt (vgl. Berkeley 2004). Auch Immanuel Kant (1724-1804) spricht von den Dingen an sich, also den Phänomenen, die wir wahrnehmen, und sagt, dass wir diese nicht wirklich, das heißt unverfälscht erkennen können. Alle Erkenntnis fange mit der Erfahrung an. Aber durch diese könne eine strenge Allgemeinheit von Urteilen nicht erreicht werden. Erst über den Verstand könne die Anschauung begrifflich bestimmt, das mannigfach Wahrgenommene zu einer Einheit zusammengeführt werden. Es bleibe aber die subjektive Einfärbung, das Objekt werde vom Erkennenden geschaffen (vgl. Kant 1787, S. 461).

Die erkenntnistheoretischen Fragen, ob der Mensch Wirklichkeit erkennen kann, reichen also zeitlich lange zurück. Sie kennzeichnen die Wurzel der modernen konstruktivistischen Ansätze, und zwar durch die Grundannahme, dass der Mensch Welt nicht unabhängig von seiner subjektiven Wahrnehmung erkennen kann. Welt, so wie sie beschaffen ist, kann der Menschen nicht erkennen. Vor diesem Hintergrund haben sich dann verschiedene konstruktivistische Schulen entwickelt. Die modernen Ansätze stützen sich im Unterschied zu den theoretisch-philosophischen Betrachtungen auf die Ergebnisse der modernen Gehirn- und Kognitionsforschung.

2.2 Radikaler Konstruktivismus

Der Radikale Konstruktivismus als Erkenntnistheorie wurde in den 1960er und -70er Jahren entwickelt. Ernst von Glasersfeld (1917-2010), US-amerikanischer Philosoph und Kommunikationswissenschaftler, gilt zusammen mit Heinz von Foerster (1911-2002), österreichischer Physiker, Kybernetiker und Philosoph, als Begründer des Radikalen Konstruktivismus.

Der Ansatz fußt auf den oben genannten philosophischen Einsichten und gleichzeitig ist mit ihm ein Wechsel von der Philosophie hin zur Wissenschaft verbunden. Sowohl die Kybernetik wie auch die Kognitionsbiologie, die Neurobiologie und Psychologie liefern den Radikalen Konstruktivisten wichtige Grundbausteine hinsichtlich der Frage des Erkennens. Bedeutsam für die Autoren ist auch Jean Piaget mit seinen Forschungen über die frühkindliche Sozialisation (vgl. Rusch/Schmidt 1994). Nach eigenen Aussagen von Glasersfelds beeindruckte ihn insbesondere Piagets genetische Erkenntnistheorie und sein Begriff der Anpassung des Individuums an seine Umwelt (vgl. von Glasersfeld 2000, S. 17; 1992, S. 38).

Die chilenischen Biologen und Kognitionsforscher Humberto R. Maturana und Francisco J. Varela (1982; 1991) beschreiben den kognitiven Funktionsablauf des Gehirns mit ihrer Theorie autopoietisch geschlossener Systeme. Autopoiesis bedeutet *selbst machen*. Erkennen ist, so Maturana, ein intern geschlossenes Operieren im Rahmen des subjektiven neuronalen Netzwerkes. Die Struktur des subjektiven Gehirns ist die Voraussetzung, was wir als Einzelne erkennen und wie wir das Wahrgenommene verarbeiten. Wirklichkeit ist so gesehen eine subjektgebundene Konzeption. Sie steht in Passung zum kognitiven System und den Zuständen des Bewusstseins. Subjekte sind autonom in ihrer Wahrnehmung, jedoch nicht autark, weil sie auf Umwelt angewiesen und mit ihr strukturell gekoppelt sind. Trotz dieses Angewiesenseins kann Umwelt die Subjekte in ihren spezifischen autopoietischen Verarbeitungsmodi nicht beeinflussen. Professionell Helfende können ihren Klienten zwar bestimmte Problemzusammenhänge und Lösungsmöglichkeiten aufzeigen, wie die Klienten das aufnehmen und verarbeiten, darauf haben sie keinen Einfluss. Die Aussage lautet:

Lebende Systeme funktionieren selbstorganisiert. Gleichzeitig sind sie nicht autark. Sie sind mit der Umwelt strukturell gekoppelt und müssen sich an ihre Umwelt hin immer wieder neu anpassen. Wie sie das tun, bestimmt sich nach ihrer inneren Strukturlogik. Das Prinzip der *Selbstorganisation* von Systemen ist somit ein zentraler Grundsatz des Radikalen Konstruktivismus (vgl. Schmidt 1994b, S. 12).

Was bedeutet nun der Begriff *radikal*? Er verweist auf das dahinterliegende neurobiologische Konzept. Alles, was über Erkennen gesagt wird, erfolgt aus einer kognitiven Perspektive und nicht etwa aus einer philosophischen. Im Vordergrund steht die Frage, ob wir mit unserem Erkenntnisapparat Phänomene der Wirklichkeit in ihrem So-Sein erkennen können. Die Antwortet lautet *nein!* Wahrnehmung hat mit neuronalen Gehirnprozessen zu tun und entspricht subjektiven Dispositionen. Wir können die Welt nur vorgefiltert betrachten. Mit dieser Grundannahme erfolgt der Bruch mit der traditionellen philosophischen Erkenntnistheorie, in der davon ausgegangen wird, dass es eine erkennbare, zumindest unabhängig von der menschlichen Wahrnehmung vorfindbare Wirklichkeit gibt. Der Radikale Konstruktivismus geht davon aus, dass es keine Wirklichkeit hinter den Dingen gibt. Das, was ist, konstruieren wir. Unsere Erfahrungswelt steht nicht in Übereinstimmung mit etwas davon unabhängig Existierendem. Heinz von Foerster (2000, S. 40) drückt es so aus: „Die Umwelt, so wie wir sie wahrnehmen, ist unsere Erfindung." Von Glasersfeld sagt:

> „Der radikale Konstruktivismus ist also vor allem deswegen *radikal*, weil er mit der Konvention bricht und eine Erkenntnistheorie entwickelt, in der die Erkenntnis nicht mehr eine ‚objektive', ontologische Wirklichkeit betrifft, sondern ausschließlich die Ordnung und Organisation von Erfahrungen in der Welt unseres Erlebens." (von Glasersfeld 2000, S. 23).

2.2.1 Passung und Viabilität

Welt ist nach dieser Perspektive eine konstruierte Welt des Erlebens ohne Anspruch auf Wahrheit, wie die Dinge an sich sind. Die Radikalen Konstruktivisten fragen danach, wie der Intellekt operiert, um aus dem „Fluß des Erlebens eine einigermaßen dauerhafte, regelmäßige Welt zu konstruieren" (von Glasersfeld 2000, S. 28, 30). Von Glasersfeld betont damit zusammenhängend den radikalen Unterschied im Verhältnis zwischen Wissen und Wirklichkeit. Wissen ist nicht als Wissen von einer „wirklichen" Welt zu verstehen. Wissen ist eine Art Schlüssel, der passt. Die Frage ist also, inwieweit unser Wissen, Erleben, Denken, Tun, Meinen, Folgern zu unserer Alltagswelt passt. Die Qualität des Wissens bestimmt sich nach *Brauchbarkeit* und *Relevanz* in unserem Alltag, und zwar dahingehend, ob es uns lebensfähig macht und der Erfahrungswelt standhält. Anders formuliert: Brauchbar ist unser Wissen dann, wenn es funktioniert und uns einen gangbaren Weg zur Zielverwirklichung ermöglicht – freilich in dem Wissen, dass es noch andere Möglichkeiten und Wege gibt (vgl. von Glasersfeld 2000, S. 23, 31). Mit Zielen sind nicht vorrangig äußere Ziele gemeint, sondern Bewertungen von Sachlagen, Begriffe, Regeln, Theorien etc.

Ein zentraler Begriff in diesem Zusammenhang ist der Begriff der *Passung*. Er korrespondiert mit dem Begriff der *Viabilität*. Dazu von Glasersfeld: „etwas wird als ‚viabel' bezeichnet, solange es nicht mit etwaigen Beschränkungen oder Hindernissen in Konflikt gerät." (von Glasersfeld 1992, S. 19).

Viabilität zielt auf erfolgreiches Handeln, obwohl wir Wirklichkeit nicht erfassen können. Viabilität meint Brauchbarkeit. „Ein Organismus ist ‚viabel', solange es ihm gelingt, in seiner Umwelt zu überleben und sich fortzupflanzen" (von Glasersfeld 1992, S. 25).

Viabilität steht für die subjektbezogene Anpassung an Alltags- und Lebenssituationen, umfasst auch Anpassungsstrategien, die sich im Laufe des Lebens als kohärent darstellen, und zwar hinsichtlich Weltbilder, Problemeinschätzungen, Urteile und Selbstbilder. Diese können sich aber auch wieder verändern. Was die Verstetigung eigener Erlebnisse, Ansichten etc. betrifft, so sind diese umso manifester, je stärker sie mit Anderen kommunikativ geteilt werden und wenn diese sich auch im Erleben Anderer als viabel erweisen (vgl. von Glasersfeld 1992, S. 36 f.). Wenn beispielsweise eine Beratungsstelle für drogenkranke Menschen mit den dort tätigen Fachkräften begründet etwa durch fachliche Positionen und Erfahrungen das kontrollierte Trinken als Bewältigungskonzept ablehnt, ist dies aus der Sicht der Beratungsstelle ein brauchbares, viables Konzept. Andere Beratungsstellen dagegen kommen zu anderen Überzeugungen und sehen womöglich das kontrollierte Trinken aufgrund der gemachten Praxiserfahrungen als ein brauchbares Hilfekonzept an. Auch dies wäre dann als viabel zu bezeichnen. Viabilität sagt hier nichts über ‚richtig' und ‚falsch' aus, sondern über die angenommene Brauchbarkeit eines Hilfekonzeptes.

Unsere Wahrnehmung ist auf Brauchbarkeit und Relevanz gerichtet – auf Viabilität.

2.2.2 Beobachtung

Heinz von Foerster richtet seinen Fokus auf die *Beobachtung*. In Anlehnung an die Gehirnforschung verweist er darauf, dass wir als Wahrnehmende *Beobachter* sind. Als solche sind wir keinesfalls unabhängig. Beobachter und Beobachtetes, also Subjekt und Objekt, sind verknüpft. Beobachtung verläuft *zirkulär*. Wir können sozusagen nicht wahrnehmen, wie der Andere ist, mit dem wir es zu tun haben, weil wir selbst Teil des Geschehens sind. Das, was wir wahrnehmen, hat mit uns selbst zu tun. Vor diesem Hintergrund ist beispielsweise der Klient nicht einfach ein Gegenüber, dessen Fähigkeiten und Handeln wir neutral einschätzen können. Wir sind nicht neutral! Von Foerster zitiert den Schweizer Experimentalpsychologen Jean Piaget, der sagt, dass wir nicht einfach beobachten, sondern dass wir gleichzeitig Wirklichkeit strukturierende Aktivitäten vollziehen. Und: Keine Erkenntnis kommt allein durch Perzeptionen zustande, denn diese sind immer von Aktionsschemata begleitet (vgl. von Foerster 1994, S. 141 f.). Heißt: Als Beobachter strukturieren, gestalten wir Wirklichkeit. Sozialarbeiter*innen konstruieren Klient*innen nach Maßgabe ihrer subjektiven Beobachtung, ihrer inneren und äußeren Befindlichkeit.

Wir alle sind Beobachter, so Heinz von Foerster. Er nimmt Anleihen an einem Satz Humberto Maturanas, der lautet: „Alles Gesagte wird von einem Beobachter gesagt." Und von Foerster ergänzt diesen Satz mit: „Alles Gesagte wird zu einem Beobachter gesagt." (von Foerster 1993, S. 84 f.).

Wenn Person A Person B beobachtet, dann beobachtet Person B auch Person A. und interpretiert, was diese sagt. Die Antwort von B muss wiederum von A interpretiert werden. Beide verhalten sich also zu dem, was sie beobachten. Damit entsteht ein Prozess des Strukturierens und gegenseitigen Einflussnehmens, ein Prozess der Zirkularität. Die Eigenschaften des Beobachters A gehen in die Beobachtung von B ein und umgekehrt. Und hier ist sie wieder: die Unmöglichkeit, Wirklichkeit 1:1 wahrzunehmen. Was können wir also tun, fragt von Foerster, um unsere Wahrnehmung zu objektivieren? Die Antwort lautet: Wir müssen unsere Beobachtung beobachten!

Stellen Sie sich folgende Situation vor: Als Professionelle*r besuchen Sie im Rahmen der Familienhilfe eine Familie mit sozialen Problemen. Sie melden sich vorher an und erscheinen pünktlich. Der alleinerziehende Vater öffnet Ihnen die Tür. Sie sehen eine ziemlich unaufgeräumte Küche und werden in ein für Sie ebenso unaufgeräumtes Wohnzimmer gebeten. Das Wort Chaos kommt Ihnen in den Kopf.

Heinz von Foerster würde hier von ‚Kybernetik erster Ordnung' sprechen.

Sie befinden sich in einer Situation, die Sie beobachten und beurteilen. ‚Kybernetik zweiter Ordnung' wäre nach Foerster, wenn Sie ihre Beobachtung beobachteten. Hier sind Sie dann selbst Gegenstand Ihrer Beobachtung. Sie fragen sich, wie Sie beobachten, was Sie sofort in den Blick nehmen, was Ihnen sofort auffällt, was nicht. Sie fragen sich, wodurch ihre Einschätzung zustande kommt, wie Sie zu Ihrem Urteil gekommen sind, was das mit Ihren Ansprüchen und Werten bezüglich Ordnung zu tun hat und: ob man das von Ihnen Beobachtete nicht auch anders sehen könnte.

Ernst von Glasersfeld beschreibt, was wir als Beobachter tun: Wir interpretieren, indem wir Stücke, die wir parat haben, aus unserer Erlebniswelt hervorholen und zusammenbauen (von Glasersfeld/NIKOL 1994, S. 405 ff.). Korrekterweise, so von Glasersfeld, dürfen wir nicht sagen: So ist es! Sondern: So scheint es mir.

Bezogen auf das Beispiel: Die Wohnung von X wirkt aus Ihrer Sicht womöglich sehr unaufgeräumt. Und jetzt überlegen Sie bitte, was das bedeutet, wenn Sie ein Gutachten für das Jugendamt schreiben. Ist die Wohnung unaufgeräumt, chaotisch? Scheint es Ihnen so? Könnte man es anders sehen? Wäre es deshalb nicht geraten, lediglich zu beschreiben, was Sie sehen, ohne gleich zu bewerten? Die Beobachtung zweiter Ordnung hält Sie an, Ihre Wahrnehmung zu überprüfen, sie zu relativieren, einzuräumen, dass man die Dinge auch anders sehen kann.

Von Glasersfeld reklamiert ein ‚Minimalmodell', mit dessen Hilfe eine Theorie der Wahrnehmung entwickelt werden kann – eine Theorie, die nicht nach der Struktur der realen Welt fragt, sondern empirisch-kognitiv beschreibt, was die Struktur unserer Erfahrungswirklichkeit ist (vgl. Richards/von Glasersfeld 1994, S. 195 f.). Es ist nämlich nicht so, dass wir beliebig konstruieren. Wir konstruieren Welt, „indem wir alle Eingabegrößen an bereits geformte Konzeptstrukturen ‚assimilieren'". Das Objekt der Wahrnehmung ist somit nichts Eigenständiges mehr, sondern etwas Konstruiertes. Das Wissen von Welt erwächst nicht einfach von außen, sondern ist an die Tätigkeit des Individuums gebunden (vgl. Richards/von Glasersfeld 1994, S. 215, 219). So entsteht quasi ein Kuckucksphänomen. Den Anderen schieben wir sozusagen das Eigene unter, und zwar nach Maßgabe einer Passung. Hier greift dann wieder der Begriff der Viabilität, der Brauchbarkeit meint. Wir arrangieren die Elemente unserer gespeicherten Erfahrungen situationsgemäß. Dinge, Begriffe, Theorien, Werturteile, Wissen etc., die uns in einer Situation brauchbar erscheinen, fügen wir zusammen. So lange wir mit dem Beobachteten, das wir kommunizieren, klarkommen, ist es viabel (vgl. von Glasersfeld/NIKOL 1994, S. 416 f., S. 439 f.). Die Wahrnehmung funktioniert, wenn sie uns ein erfolgreiches Einordnen, Handeln und Überleben ermöglicht. Darauf ist Wahrnehmung gerichtet und nicht etwa darauf, ob wir mit unserer Wahrnehmung ein wahres Bild von der Wirklichkeit erzeugen.

Wenn in unserem vorigen Beispiel der alleinerziehende Vater Ihre Beobachtung bestätigt, dass er also zugesteht, dass es bei ihm ziemlich unaufgeräumt, ja, geradezu chaotisch aussieht, dann gibt es bezüglich Ihrer Beobachtung eine Passung. Die Beobachtung erhält durch eine zweite Person Viabilität. Oder wenn der Zustand der Wohnung anderen Wohnungszuständen ähnelt, die Sie beispielsweise zusammen mit anderen Fachkräften als chaotisch eingestuft haben, entsteht Viabilität. Wenn hingegen der Vater ausrastet, Sie als Person und Fachkraft infrage stellt und Ihnen Spießigkeit vorwirft, dann funktioniert Ihre Beobachtung möglicherweise nicht. Aus konstruktivistischer Sicht geht es dann nicht darum, was richtig oder falsch ist, sondern ob aus beiden Perspektiven etwas Brauchbares konstruiert werden kann. Möglicherweise müssen weitere Kriterien eingeführt werden, beispielsweise die Überlegung, welcher Grad von Ordnung für die Entwicklung der Kinder förderlich oder weniger förderlich ist, welcher Grad von Ordnung für den organisatorischen Tagesablauf Sinn macht usf. Auch hier gibt es keine eindeutigen Antworten. Von Glasersfeld geht sogar so weit, dass er sagt, man müsse fühlen, ob etwas gut ist (vgl. von Glasersfeld/NIKOL 1994, S. 430 f.). Hier in unserem Beispiel würde also das gute Gefühl der Beteiligten ein Anzeiger sein, welche Übereinkunft tragfähig ist.

Das, was wir konstruieren, kann sehr wohl mit den Konstruktionen Anderer übereinstimmen, oder auch nicht. Mit Verweis auf Paul Feyerabend bemerkt von Glasersfeld, dass wir durch Sozialisation lernen, Dinge in einer bestimmten Weise zu betrachten und uns zu benehmen (vgl. Richards/von Glasersfeld 1994, S. 217).

Nach von Glasersfeld sind wir Beobachter, die auf Passung/Viabilität/Brauchbarkeit hin konstruieren. Konstruktivistisch gedacht, kann ein bestimmter Weg, eine bestimmte Lösung eines Problems, oder eine bestimmte Vorstellung von einem Sachverhalt niemals als objektiv richtig oder wahr bezeichnet werden. Wird unser Erleben und Wahrnehmen von Anderen bestätigt, entsteht so etwas wie ‚objektive Wirklichkeit'. Das Objektive entsteht intersubjektiv, entspricht sozusagen einer geteilten Wirklichkeit.

2.2.3 Kritische Reflexion

Der Radikale Konstruktivismus hat in unterschiedlichen Disziplinen viel Interesse geweckt und wurde insbesondere in den Sozialwissenschaften breit adaptiert. Seit etwa den 1980er Jahren integrieren insbesondere die Sozial-, Kultur- und Wirtschaftswissenschaften und ihre Teildisziplinen den Radikalen Konstruktivismus in ihre Theoriekonzepte, etwa die Psychologie, Psychotherapie, Soziologie, Pädagogik und die Soziale Arbeit. Wiederzufinden ist der Zugang auch in Konzepten des Dekonstruktivismus, Poststrukturalismus, den Cultural Studies, wie überhaupt im postmodernen Denken.

Ein bekannter Protagonist des Radikalen Konstruktivismus ist Paul Watzlawick (1921-2007), Kommunikationswissenschaftler, Therapeut und Philosoph, der mit von Glasersfeld und von Foerster in Verbindung stand und den Radikalen Konstruktivismus durch seine Kommunikationstheorie erweiterte. Bekannt geworden sind seine fünf Axiome:

1. „Man kann nicht nicht kommunizieren!"
2. „Jede Kommunikation hat einen Inhalts- und einen Beziehungsaspekt, derart, daß letzterer den ersteren bestimmt und daher eine Metakommunikation ist."
3. „Die Natur einer Beziehung ist durch die Interpunktion der Kommunikationsabläufe seitens der Partner bedingt."
4. „Menschliche Kommunikation bedient sich digitaler und analoger Modalitäten. Digitale Kommunikationen haben eine komplexe und vielseitige logische Syntax, aber eine auf dem Gebiet der Beziehungen unzulängliche Semantik. Analoge Kommunikationen dagegen besitzen dieses semantische Potential, ermangeln aber die für eindeutige Kommunikationen erforderliche logische Syntax."
5. „Zwischenmenschliche Kommunikationsabläufe sind entweder symmetrisch oder komplementär, je nachdem, ob die Beziehungen zwischen den Partnern auf Gleichheit oder Unterschiedlichkeit beruht."
   (Watzlawick/Beavin/Jackson 2017, S. 58 ff.)

Neben der positiven Adaptation des Radikalen Konstruktivismus gibt es auch dessen grundsätzliche Ablehnung. Vertreter des erkenntnistheoretischen Realismus liegen am gegenüberliegenden Pol des erkenntnistheoretischen Spektrums (vgl. Hayek 1970). Dort herrscht die Überzeugung, dass es eine vom Subjekt unabhängige Realität gibt: Unfälle gibt es, ebenso Temperaturstürze, Hitzeperioden, Waldsterben, Leid usf. Es gilt die Annahme, dass die Wirklichkeit dem entspricht, was empirische Theorien aussagen. Der Konstruktivismus, so die Kritik, leugne die Realität. Die Realisten versuchen den Konstruktivismus mit Phänomenen des Alltags zu widerlegen.

Mit der Erkennbarkeit von Welt befasst sich auch die evolutionäre Erkenntnistheorie (vgl. Vollmer 1981; Lorenz 1993; weitere Vertreter sind Donald T. Campell, Rupert Riedl). Karl Popper (1973) ist mit seinem Ansatz des Kritischen Rationalismus ebenfalls dieser Schule zuzuordnen. Er beharrt darauf, dass es eine objektive Welt gibt, die man über ständiges Fragen und Prüfen von Wissen und mittels Hypothesen erschließen kann. Er spricht von der „Bewährung" von Theorien über das Prüfen, wobei es keine Gewähr gäbe, dass sich das bewährte Wissen bei weiterer Überprüfung nicht als falsch herausstellen könne.

Der Fokus der evolutionären Erkenntnistheorie liegt nicht darauf, was wir nicht erkennen können, sondern auf der Frage, warum wir erkennen können. Ausgangspunkt ist auch hier die Annahme einer bewusstseinsunabhängigen Welt, im Wissen, dass sich diese Annahme zwar nicht beweisen, aber hypothetisch begründen lässt. Der Begriff des *Hypothetischen Realismus* sagt aus, dass es eine reale, strukturierte Welt gibt, die teilweise erkennbar ist (vgl. Vollmer 1981, S. 35). Die Möglichkeit objektiver Erkenntnis wird evolutionär begründet. Der menschliche Erkenntnisapparat, so die Annahme, zeigt sich deswegen erkenntnisfähig, weil er sich evolutionär den realen Bedingungen mehr und mehr angepasst hat. Das ermöglicht ihm, Informationen über die objektive Welt zu liefern. Diese Möglichkeit gehöre zur genetischen Ausstattung, zum kognitiven „Inventar" des Individuums und sichert ihm auch sein Überleben (Vollmer 1981, S. 127). Dieses Erkennen läuft aber nicht perfekt. Es ist durchaus fehleranfällig. Von daher gilt es Hypothesen aufzustellen und Erkenntnisse immer wieder zu prüfen, was insbesondere Aufgabe der Wissenschaft ist.

Wir können diese Diskussion an dieser Stelle nicht weiter vertiefen. Deutlich wird, dass die verschiedenen Zugänge auf Grundbehauptungen basieren, die weder widerlegt noch bestätigt werden können. Im Vordergrund steht jeweils das Bemühen um den begründeten wissenschaftlichen Beitrag zur Frage des Erkenntnisvermögens des Menschen.

Leiten wir unser Augenmerk an dieser Stelle wieder auf den Radikalen Konstruktivismus, um im Folgenden ein Alternativkonzept kennenzulernen, und zwar seitens Forschenden, die sich grundsätzlich dem konstruktivistischen Denken anschließen.

Von Seiten sozialkonstruktivistischer Theoretiker werden nämlich Einwände vorgebracht, dass die Wahrnehmung von Wirklichkeit nicht lediglich auf subjektive Konstruktionen beruht, sondern an kulturelle Voraussetzungen geknüpft sind. Die sozialen Konstruktivisten kritisieren an den Vertretern des Radikalen Konstruktivismus, dass Letztere zu subjektivistisch argumentieren, dass sie die kulturellen Einbettungen und Einflüsse und die Intersubjektivität im Prozess des Konstruierens unterschätzen und auch die soziale Konstruktion des Wissens nicht zureichend herausarbeiteten.

Wie weiter oben dargelegt, verneinen die Vertreter des Radikalen Konstruktivismus keinesfalls die Sozial- und Kulturgebundenheit des Subjekts. Wir alle, so deren Aussage, werden sozialisiert, erfahren und lernen soziale Schemata, die allgemein oder milieuspezifisch als richtig empfunden werden. Vor diesem Hintergrund entwickeln sich unsere inneren Schemata, mit denen wir wahrnehmen und das Soziale mitgestalten. Dieser zirkuläre Prozess wird in seiner Grundlogik von den Radikalen Konstruktivisten nicht bestritten. Trotzdem gleichen deren Aussagen dazu eher Nebensätzen und Randbemerkungen. Die Frage der Wechselbezüge des Sozialen und Subjektiven wird nicht tiefergreifend bearbeitet. Der Radikale Konstruktivismus konzentriert sich auf das Subjekt als Beobachter. Mit der sozialen Gebundenheit der Wahrnehmung beschäftigt sich im Gegensatz dazu der Sozialkonstruktivismus, den wir im übernächsten Kapitel näher betrachten werden.

Anschlussfähig an die Sozialgebundenheit von Wahrnehmung ist der emotionssoziologische Ansatz von Collins Randel (vgl. 2011), der die These vertritt, dass Menschen vor dem Hintergrund ihrer biologischen Evolution zur intersubjektiven Aufmerksamkeit prädestiniert seien. Sie ließen sich sehr wohl beeinflussen und stiften Gemeinschaften etwa durch Rituale. Das Soziale sei das Primäre.

Jürgen Scheurle (vgl. 2013) arbeitet die Interaktion von Gehirn und Körper sowie Gehirn und Umwelt heraus. Mit Hilfe von bildgebenden Verfahren gelingt es, die soziale Bezogenheit des Subjekts in seinem Denken, Empfinden und Handeln zu belegen.

Die Entdeckung von Spiegelneuronen durch die Forschergruppe um Giacomo Rizzolatti (vgl. 2008) inspirierte Diskussionen, inwieweit der Mensch über Gefühlsneuronen verfügt, durch die er motorisch nachahmt und auch empathisch auf Andere reagieren kann. Spiegelneuronen, so die Annahme, spiegeln Gefühle und Handlungen des beobachteten Anderen. Spiegelneuronen, so die Aussage, haben einen Resonanzmechanismus, durch den Menschen nachahmen und lernen könnten, und zwar bereits vor dem Gebrauch der Sprache (vgl. Bauer 2016).

Das autopoietisch operierende Subjekt wird durch die neuere Gehirnforschung und die Kognitionswissenschaften umgedeutet, und zwar dahingehend, dass das Subjekt eine innere Notwendigkeit hat, sich sozial und in Beziehungen einzulassen (vgl. Scheurle/Fuchs 2013). Das wiederum hat Rückwirkung auf dessen Wahrnehmung.

2.3 Operativer Konstruktivismus von Niklas Luhmann

Im Vorgriff auf die soziologische Systemtheorie soll an dieser Stelle kurz der operative Konstruktivismus eingeordnet werden. Luhmann greift auf Theoreme von Maturana zurück, insbesondere auf das Autopoiesis-Konzept und passt dieses an sein systemtheoretisches Konzept an. Ebenfalls integriert er die theoretische Denkfigur des Mathematikers George Spencer Brown, der die Operation des Unterscheidens als Bedingung von Erkenntnis sieht. Welt, so Luhmann, lässt sich nur in unterschiedlichen Weisen beobachten. Beobachten bezeichnet er als eine Operation, die an die Wahl von Unterscheidungen gebunden ist. Die Frage stellt sich also, mit welchen Unterscheidungen Welt beobachtet wird? Dem Begriffspaar ‚System – Umwelt' und Luhmanns Konzept der funktional differenzierten Gesellschaft kommt hier eine zentrale Bedeutung zu. Eine Gesellschaft, die sich in Funktionssysteme ausdifferenziert hat, wie Politik, Erziehung, Wirtschaft, Religion u. a., operiert mit spezifischen Leitunterscheidungen. Beispielsweise orientiert sich das Wirtschaftssystem an Geld. Politik orientiert sich an Macht. Mittels dieser Leitunterscheidungen wird beobachtet. Nicht Subjekte beobachten, sondern Systeme. Luhmann formuliert eine Theorie beobachtender Systeme (vgl. Luhmann 2001, S. 220 f.). Kein System kann außerhalb seiner Grenzen operieren. „Erkenntnis wird demnach durch Operationen des Beobachtens und des Aufzeichnens von Beobachtungen (Beschreiben) angefertigt." (Luhmann 2001, S. 222). Systeme beobachten nach den eigenen Relevanzkriterien.

Systeme können fremdbeobachten und können sich selbst beobachten durch die Beobachtung zweiter Ordnung – hier also ein Rückgriff auf das Konzept von Heinz von Foerster. Eine operative konstruktivistische Erkenntnistheorie setzt nach Luhmann Folgendes voraus:

- Die Unterscheidung von Beobachtung und Operation, wobei Beobachtung die Operation des Unterscheidens ist;
- Die Unterscheidung ‚System – Umwelt' und die Unterscheidung der Beobachtung erster und zweiter Ordnung;
- Die Unterscheidung von Fremdbeobachtung und Selbstbeobachtung;
- Die Unterscheidung, ob die Beobachtung auf das zielt, womit der Beobachter sich beschäftigt oder auf das, was er nicht beobachten kann;
- Die Unterscheidung des binären Codes wahr/unwahr (so, wie es die Wissenschaft tut) und von anderen Formen der Selbst- und Fremdbeobachtung.

Erkenntnis ist nach Luhmann nur durch die autopoietische Geschlossenheit von Systemen möglich. Damit konstituiert sich gleichsam der blinde Fleck einer jeden Beobachtung. Erst eine Beobachtung zweiter Ordnung kann blinde Flecken aufspüren, aber sie nicht gänzlich vermeiden.

Beobachtung steht in Verbindung mit Kommunikation. Letztere besteht aus Information und Mitteilung (Form). Eine 1:1-Übertragung der Information ist nicht möglich. Systeme haben ihren spezifischen Beobachtungscode und filtern vor diesem Hintergrund Informationen von außen und innen. Jedes System (z. B. Politik, Wirtschaft, Soziale Arbeit) selektiert über Beobachtung die Information nach den inneren Relevanzen und Logiken. Soziale Arbeit etwa beobachtet den Hilfebedarf, wie Hilfe sinnvoll und funktional organisiert werden kann usf.

2.4 Sozialer Konstruktivismus

Unter dem Begriff des *sozialen Konstruktivismus*, auch *Sozialkonstruktivismus* genannt, erfolgt insbesondere aus soziologischer, psychologischer und sozialpsychologischer Perspektive ein anderer Blickwinkel auf die Wahrnehmung. Auch hier haben sich unterschiedliche Richtungen herauskristallisiert. Gemeinsam ist den verschiedenen Strömungen, dass nicht lediglich konstruierende Subjekte in den Blick genommen werden. Vielmehr wird die Frage gestellt, wie Menschen soziale Welt konstituieren, strukturieren und institutionalisieren und wie sich kulturelle Traditionen und Bedeutungsstrukturen herausbilden. Stärker ins Spiel kommen somit Interaktion und Handeln. Beim sozialen Konstruktivismus handelt es sich sozusagen um einen Wechsel von individuellen Repräsentationen und Bedeutungsschemata des Beobachters hin zu Sprache, Diskurs, Interaktion, Kollektiv, Soziokultur und das Stiften von Bedeutung durch soziales Handeln.

Der soziale Konstruktivismus wird in den Sozialwissenschaften seit den 1970er Jahren zunehmend mehr rezipiert. Siegfried J. Schmidt beispielsweise, Philosoph und Kommunikationswissenschaftler, der sich zunächst dem Forschungsprogramm des Radikalen Konstruktivismus und dessen biologischen und psychologischen Begründungen angeschlossen hatte, vollzog im Laufe seines Forschens einen Seitenwechsel hin zum sozialen Konstruktivismus (vgl. Schmidt 1994c). Schmidt spricht von Wirklichkeitsmodellen als Orientierungsprogramme, die wir über Sozialisation aufnehmen (vgl. Schmidt 2003, S. 23-37.). Schmidt nutzt hierfür den Begriff der Kultur (Schmidt 2003, S. 38). Kulturprogramme liefern *Sinn* und ebenso Erfahrungen des Erfolgs oder Misserfolgs. Kultureller Sinn ist allerdings subjektiven Deutungen unterworfen. Schmidt verweist auf die Cultural Studies und damit einhergehende Fragen nach Geschlechtersetzungen, Rassismus oder Kolonialismus. Diese, so seine Aussage, konnten sich deshalb so lange halten, weil sie als kulturelle Programme akzeptiert wurden. Kultur und die damit einhergehenden Wirklichkeitsmodelle seien aber keine objektive Realität, auf die man sich verständigen könnte im Sinne: So ist unsere Kultur. Sondern die Programme vollziehen sich durch die Handlungen der Akteure. Die darauf bezogenen Prozesse und Ergebnisse können wir beobachten und bewerten (Schmidt 2003, S. 41 f.).

Der soziale Konstruktivismus fragt danach, wie Menschen soziale Welt konstituieren, strukturieren und institutionalisieren und wie sich kulturelle Traditionen und Bedeutungsstrukturen herausbilden.

In dem Wissen, dass es keine einheitliche Systematik der konstruktivistischen und sozialkonstruktivistischen Theorieschulen gibt, skizziere ich im Folgenden drei Konzepte, die im sozialkonstruktivistischen Diskurs Bedeutung erlangt haben.

2.4.1 Kenneth J. Gergen

Kenneth J. Gergen (*1934), US-amerikanischer Psychologe, gehört zu den Pionieren sozialkonstruktivistischen Denkens in den 1970er Jahren. Die Grundidee lautet: *Wir* konstruieren die Welt und nicht Individuen. Nichts sei real, solange Menschen nicht darin übereinstimmten, dass es real sei. Welt wird durch gemeinsames Kommunizieren erzeugt. Mittels Kommunikation wird Welt in lokalen Bezügen strukturiert und auch begrenzt (vgl. Gergen/Gergen 2009, S. 8 ff.). Übereinkünfte darüber, was ‚wahr' ist und gelten soll, z. B. Werte, sind nur in Gemeinschaften zu finden. Interkulturell gibt es folglich verschiedene Wahrheiten und Wertigkeiten, was wiederum zu Konflikten führen kann. Aus diesem Ansatz folgern Gergen/Gergen einen radikal pluralistischen Ansatz:

> „Aus konstruktivistischer Perspektive mag alles gültig sein, doch nicht für alle Menschen, sondern: Für unterschiedliche Gruppen ist Unterschiedliches gültig." (Gergen/ Gergen 2009, S. 22 f.).

Deshalb existiere auch keine Grundlage, die eine Überlegenheit der eigenen Tradition rechtfertige. Im Gegenteil: Wir seien dazu eingeladen, eine Haltung der Neugierde und des Respekts Anderen gegenüber einzunehmen (vgl. Gergen/ Gergen 2009, S. 23).

Die Kategorie Sinn lokalisieren die Autoren nicht im Subjekt, sondern Sinn werde erst in Beziehungen erzeugt. Das ermögliche wiederum, Sinnkonstrukte zu verändern (vgl. Gergen/Gergen 2009, S. 33 ff.). Letztlich seien unsere eigenen Sinnkonstrukte, unsere Gedanken, Gefühle, Werte, Wünsche, Hoffnungen eben Resultate unseres sozialen Eingebundenseins, Resultate unserer Beziehungen. Die Autoren sprechen in diesem Zusammenhang vom *relationalen Selbst*, ein Selbst, durch Beziehungen entstanden und sich weiterentwickelnd (vgl. Gergen/ Gergen 2009, S. 48).

Das Gesagte führt zu einer kritischen Perspektive. Denn jetzt kann gefragt werden, durch welche Weltkonstruktionen wer bevor- oder benachteiligt wird, welche Gruppen in den Medien wie dargestellt werden usf. Es braucht, so die Autoren, eine kritische Haltung gegenüber sozialen Konstruktionen, ihren Ansprüchen und Wirkungen. Die Aufgabe einer konstruktivistischen Wissenschaft sei es, genau dafür zu sensibilisieren. Es folgt der exemplarische Verweis auf die Genderforschung oder die Kritische Pädagogik (vgl. Gergen/Gergen 2009, S. 28).

Die Autoren nehmen auch Bezug auf den professionellen Hilfebereich. Hier brauche es *konstruktionistische Sensibilität,* um Raum für multiple Wirklichkeiten zu geben, Raum also für Vielfalt. Dazu gehören persönliche Stile, Vorlieben, Haltungen und Selbstbilder. Das subjektiv Konstruierte sei in die soziale Praxis und in die gesellschaftspolitischen Bedingungen einzubetten und von dort her zu verstehen (vgl. Gergen/Gergen 2009, S. 50 ff.).

Übereinkünfte darüber, was wahr ist und gelten soll, z. B. Werte, sind nur in Gemeinschaften zu finden. Für unterschiedliche Gruppen ist Unterschiedliches gültig. Sinn wird erst in Beziehungen erzeugt. Individuelle Sinnkonstrukte sind Resultate sozialen Eingebundenseins.

2.4.2 Peter L. Berger und Thomas Luckmann

Als Klassiker des Sozialkonstruktivismus gelten die US-amerikanischen Soziologen Peter L. Berger (1929-2017) und Thomas Luckmann (1927-2016). Als Schlüsseltext wird ihr Buch „Die gesellschaftliche Konstruktion der Wirklichkeit“ (2004) gesehen. Ihr Fokus liegt auf dem dialektischen Verhältnis von Individuum und Gesellschaft. In diesem 1966 erstveröffentlichten Werk fragen die Soziologen aus wissenssoziologischer Perspektive nicht vorrangig nach der subjektiven Konstruktion von Wirklichkeit, sondern nach der gesellschaftlichen Konstruktion der Wirklichkeit. Gesellschaftliche Wirklichkeit, so die Autoren, hat eine objektive Faktizität. Damit gemeint sind Institutionen, Gruppen, Symbolsysteme wie Klassen, Schichten, Status, Rollen, Sprache. Diese Wirklichkeit ist zum einen Faktum und zum anderen subjektiv gemeinter Sinn. Eine Hochschule X ist ein Faktum mit spezifischen Funktionen, aber sie wird auch mit subjektivem Sinn belegt, heißt: Sie erfährt Zuschreibungen beispielsweise von den Studierenden. Durch den intersubjektiven Austausch bekommt die Hochschule X dann einen gewissen Ruf etwa über ihre Leistungsfähigkeit und Studierendenfreundlichkeit.

Die Frage von Berger/Luckmann lautet: Wie ist es möglich, dass subjektiv gemeinter Sinn zur objektiven Faktizität wird? (vgl. Berger/Luckmann 2004, S. 20). In Anlehnung an Alfred Schütz richten die Autoren den Blick auf die Alltagswelt als Hintergrund sinngestützter Lebenserfahrung. Alltagswelt prägt, so die Auffassung der Autoren, unser Bewusstsein am Nachhaltigsten. Diese Alltagswelt ist gegeben und unabhängig von subjektiven Erfahrungen. Sie ist räumlich und zeitlich strukturiert. Alltagswelt ist da, längst bevor das Subjekt die Bühne betritt.

Vermittelt wird sie über Sprache, Zeichen, Kommunikation. Der Mensch wird in eine Welt hineingeboren, in der Andere bereits leben – eine Welt, die vorstrukturiert ist. Alltagswelt ist ein geographisch festgelegter Ort mit Institutionen, sozialen Systemen und menschlichen Beziehungen und deren Sinnstrukturen. Sie reicht hin bis zur Nation. Aus unserer jeweiligen Alltagswelt heraus kommunizieren wir mit den Alltagswelten Anderer, die gänzlich anders sind als unsere. Trotz der Vielfalt wissen wir jedoch um eine gemeinsame Welt (vgl. Berger/Luckmann 2004, S. 21 ff.).

Voraussetzung, dass so etwas wie Gesellschaft entsteht, ist das habitualisierte menschliche Handeln durch intersubjektives Wiederholen und Typisieren. Dadurch entstehen Institutionen, darunter Familie, Parteien, ein Sportclub u. a. mit ihren je spezifischen Ausrichtungen. Es gibt Vorgaben, wie man sich dort zu bewegen, zu verhalten hat. Es entstehen Strukturen, Rollen, Normen, Werte, Routinen und Kontrollmechanismen. Diese „institutionalisierte Welt wird als objektive Wirklichkeit erlebt“ (Berger/Luckmann 2004, S. 64). Sie vollzieht sich über menschliches Handeln und Konstruieren. Den Prozess, dass Menschen Welt hervorbringen und ihr gleichzeitig ausgesetzt sind, nennen die Autoren ‚dialektisch'. Über Sozialisation wird die äußere Wirklichkeit verinnerlicht und sickert ins Bewusstsein. Somit ist der Mensch ein gesellschaftliches Produkt (vgl. Berger/Luckmann 2004, S. 65). Die Autoren betonen, dass subjektive Konstruktionen immer vor dem Hintergrund sozialer Konstruktionen erfolgen. Zu solchen sozialen Konstruktionen zählen gesellschaftlich vermittelte Leitbilder, wie etwa Leistung, Vorstellungen von Geschlechterrollen, Altersbildern u. a.m.

Mit Hilfe von Wissen bewegen wir uns in einer arbeitsteiligen Gesellschaft, übernehmen Rollen, wissen aufgrund der Rollentypisierung welche Erwartungen an Rollen geknüpft sind, was etwa eine Führungskraft zu tun hat oder wie man sich als Kirchenmitglied in der Kirche benimmt. Eine Rolle repräsentiert somit die institutionelle Ordnung und sie lässt sich nicht beliebig ausfüllen. Ein bestimmter Grad der Abweichung wird toleriert, zu starke Abweichung vom Rollenbild wird geahndet.

Im Wechselspiel Individuum und Gesellschaft erfolgt Identitätsentwicklung. Der Mensch wird in eine Gesellschaft hineinsozialisiert, kann auf Gesellschaft aber auch einwirken. Im Alltagsvollzug sind subjektive und objektive Wirklichkeit ähnlich wie auch verschieden. Beim Subjekt entstehen Routinen im Umgang mit der Alltagswelt, ebenso Distanz und Widerständigkeit. Übereinkünfte mit Anderen, ausgedrückt durch Kommunikation, sichern das gemeinsam Geteilte und die erlebte Alltagsstruktur.

Es gibt eine Fülle institutionalisierter Welten und Subwelten, die aufeinander abgestimmt sind wie auch miteinander konkurrieren und sich aufgrund unterschiedlicher Ziele, Praktiken, ästhetischer Vorlieben auch gegenseitig ausschließen. Daraus ergeben sich dann Unvereinbarkeiten, Streitigkeiten, Konkurrenzen und Konflikte, beispielsweise Schulmedizin versus Naturmedizin.

Institutionen bleiben in ihren Routinen so lang relevant, wie sie gesellschaftliche Lösungen anbieten. Ansonsten schwindet ihre Legitimation. Es kann durchaus sein, dass Institutionen den Einzelnen funktionalisieren und Zwang ausüben, etwa nach dem Motto: *Das muss so getan werden!* (vgl. Berger/Luckmann 2004, S. 76 ff., 96 f.). Gleichzeitig können institutionalisierte Welten verändert und auch neu geformt werden. Menschen können sich wandeln, ebenso Teile der objektiven Welt. Das wären dann Neukonstruktionen im Zuge von Umdeutungen und neuen Interpretationen, veränderten Sinngebungen und neuem Wissen. Im Kontakt mit Anderen entstehen neue subjektive Wahrheiten und Bedeutungszuschreibungen, die objektive Welt verändern können (vgl. Berger/Luckmann 2004, S. 170 ff.).

Voraussetzung, dass so etwas wie Gesellschaft entsteht, ist das habitualisierte menschliche Handeln durch intersubjektives Wiederholen und Typisieren. Alltagswelt prägt, so die Auffassung von Berger/Luckmann, unser Bewusstsein am Nachhaltigsten. Sie ist bereits gegeben und unabhängig von subjektiven Erfahrungen. Im Wechselspiel Individuum und

Gesellschaft erfolgt Identitätsentwicklung. Der Mensch wird in eine Gesellschaft hineinsozialisiert, kann auf Gesellschaft aber auch einwirken.

2.4.3 Michel Foucault

Das diskurstheoretische Konzept von Michel Foucault greife ich an dieser Stelle auf, weil es eine Nähe zum Konstruktivismus zeigt und interessante Gesichtspunkte und Denkanstöße für die soziale Praxis bereithält. Es gibt wichtige Schnittstellen zum sozialen Konstruktivismus.

Michel Foucault (1926-1984), französischer Philosoph, Soziologe, Psychologe und Poststrukturalist, geht in seiner Diskursanalyse davon aus, dass Welt immer schon gedeutet ist und die bestehenden Freiheitsgrade für die Menschen oft nur sehr gering sind. Er verwendet weniger den Begriff der Konstruktion, sondern ersetzt diesen mit dem Begriff des *Diskurses* (vgl. Foucault 1992). Der Begriff des Diskurses beinhaltet eine abgegrenzte sprachliche Konfiguration mit bestimmten Begriffen, Aussagen, Bewertungen, Meinungen, Wissensgehalten und Erzählungen über einen Gegenstand. Wenn beispielsweise über die ‚Flüchtlingsflut' von 2015 gesprochen wird, so assoziiert bereits der Begriff ‚Flüchtlingsflut' Vorstellungen von Überflutung und Überschwemmung, möglicher Gefahr und Unberechenbarkeit und die Notwendigkeit von Eindämmung. Daran lassen sich dann Daten, Zahlen, Fakten, Annahmen, Vermutungen, Gefahrenzuschreibungen etc. anschließen, so dass daraus bestimmte sprachliche Aussage-Konglomerate entstehen, etwa durch Presse und Politik. Für jeden von uns stellt sich dann die Frage, welchem Diskurs wir uns anschließen. Alles, was wir deuten, vollzieht sich nach Foucault vor dem Hintergrund von Diskursen. So gibt es beispielsweise Fachdiskurse, durch die Menschen als krank oder gesund eingestuft werden, oder es gibt Diskurse mit rechtlichen Rahmungen, die Teilhabemöglichkeiten vorsehen oder verweigern.

Foucault beschreibt drei Typen von Prozeduren, die Diskurse kontrollieren und steuern:

„Prozeduren der Ausschließung", etwa Verbote und Tabus; sie verweisen darauf, dass man nicht alles sagen darf. Sie besagen auch, dass beispielsweise Geisteskranke nicht als Zeugen auftreten dürfen (vgl. Foucault 1992, S. 10 ff.). Zu den Prozeduren der Ausschließung gehört auch der Wille zur Wahrheit und damit zum Wissen. Wissen ist nicht gleich Wissen. Das als höherwertig definierte Wissen aus Fachbüchern, Experten- und Wissenschaftssystemen übt nach Foucault möglicherweise Druck und Zwang auf andere Diskurse aus, die ggf. mehr erfahrungsgestützt sind und gegenüber Fachdiskursen von geringerer Wertigkeit sind.

Als zweiten Typus beschreibt Foucault „interne Prozeduren", die den Diskurs kontrollieren, beispielsweise indem Diskurse *kommentiert* werden (vgl. Foucault

1992, S. 17 ff.). Über das Kommentieren werden Diskurse wiederholt, abgewandelt, mit neuen Varianten bestückt oder aktualisiert. Das Motto lautet hier: Wiederholung Desselben in verschiedenen Varianten. Diskurse bleiben so am Laufen.

Schließlich gibt es Diskurse, die als Quelle Autoren und Autorinnen brauchen. Sie sind es, die Beliebigkeit begrenzen und den Sinn von Aussagen kanalisieren. Eine weitere ‚interne Prozedur' beschreibt Foucault mit dem Begriff der *Disziplin*. Gemeint sind nicht die wissenschaftlichen Disziplinen, sondern Aussagen, Regeln und Definitionen zu einem Gegenstand. Corona beispielsweise ist ein Begriff aus der Virologie. Die Einordnungsbedingungen des Wissens um den Sachverhalt sind streng und exakt. Es gibt Definitionen und erforschte Wissensgehalte auf der Grundlage eines Begriffssystems. Foucault vergleicht die Disziplin mit einer diskursiven Polizei, die darauf achtet, dass die Regeln im Kontext eines Gegenstandes eingehalten werden. Wenn wir etwa über die Wissenschaft der Sozialen Arbeit sprechen, dann setzt das voraus, dass wir wissen, was Wissenschaft ist, und ebenso, wie sich die Wissenschaft Sozialer Arbeit entwickelt hat.

„Die Verknappung der sprachlichen Subjekte" bezeichnet Foucault als den dritten Typus von Prozeduren, der eine Kontrolle der Diskurse ermöglicht, so dass nicht Alle Zugang zu den Diskursen haben (vgl. Foucault 1992, S. 25 ff.). Manche Diskurse sind offen, etwa auf Twitter, andere wiederum sind geschlossen und setzen Erwartungen oder Voraussetzungen an die Teilnahme, z. B. Qualifikation oder Mitgliedschaft. Hierzu gehören auch bestimmte Rituale (Religion) oder Umgangsformen, beispielsweise Leitung/Mitarbeiter*in. Diskurse unterliegen so gesehen Verteilungsregeln. Dabei können doppelte Doktrinen entstehen: einmal die Unterwerfung an die Voraussetzungen der Teilnahmemöglichkeit an einem Diskurs und zum zweiten die Unterwerfung der Teilnehmenden an das Regelsystem der Gruppe, also wie man spricht, welche Meinungen akzeptiert sind, das Spektrum, wofür und wogegen man ist.

Michel Foucault nennt drei Typen von Prozeduren, die Diskurse kontrollieren:

1. Ausschließungssysteme (das verbotene Wort; die Ausgrenzung des Wahnsinns; der Wille zur Wahrheit);
2. Interne Prozeduren (Kommentar, Autor, Disziplin);
3. Verknappung der sprechenden Subjekte.

Was Michel Foucault herausarbeitet sind die Mechanismen des Diskurses mit Blick auf Aneignung und Unterwerfung. Aus dieser Perspektive wird deutlich, dass Subjekte nicht lediglich Konstrukteure der Wirklichkeit sind, wie im Radikalen Konstruktivismus argumentiert wird, sondern dass vor dem Hintergrund von Diskursen Kontroll- und Steuerungsmechanismen konstruiert und etabliert werden. Diese zu kennen ist Voraussetzung, um sich vor unkritischem und manipulativem Vereinnahmen zu schützen und um subjektive Freiheiten zu wahren. Es braucht also Reflexion und auch den Mut für Gegendiskurse.

Michel Foucault beschäftigt sich in seinem diskurstheoretischen Konzept vor allem auch mit der Frage der Macht (vgl. Foucault 1976; 1978; 2005). Am Beispiel der Homosexualität macht er deutlich, dass es hierzu eine Pluralität von Diskursen gibt. Die Frage ist nun, welche Diskurse machtbesetzt sind und sich gesellschaftlich durchsetzen. Aus welchen Diskursen rekurrieren womöglich Regelapparate, etwa Gesetze, die ermöglichen oder verhindern, dass Homosexuelle heiraten und Kinder adoptieren dürfen.

Macht, so Foucault, ist nicht von vornherein negativ, sondern hat eine wichtige Funktion für die Gesellschaft, um Themen zu generieren und Anliegen durchzusetzen. Foucaults Machtperspektive erweitert die klassischen Machttheorien von Souverän und Legitimität, von Exekutive, Legislative, Judikative, hinein in die zivilgesellschaftlichen Netzwerke und Diskurse. Der Autor entwickelt einen dynamischen Machtbegriff, der besagt, dass potenziell alle, also Institutionen, Organisationen, Gruppen, Subjekte über Macht verfügen. Macht wird über Diskurse generiert, das heißt, es braucht Subjekte und Agenten für oder gegen etwas, ausgestattet mit entsprechenden Praktiken, Ritualen und Formen der Kommunikation. Aus den Diskursen ergeben sich Machtstrukturen, die aber immer auch aufgeweicht werden können mittels Gegendiskurse. Macht ist dynamisch und zirkulär. Sie ist gestaltendes Element von Diskursen.

So gesehen stellt sich für das Subjekt die Frage, zu welchen Diskursen es sich bekennt, welche es ablehnt, mit welchen es sympathisiert. Dies wiederum hängt davon ab, wie Diskurse tatsächlich anschlussfähig sind an innere Schemata. Subjekte konstruieren so gesehen also nicht lediglich nach inneren Modi, sondern sie konstruieren vor dem Hintergrund etablierter Diskurse und Dispositive. Zu Letzteren gehören Kategorisierungen (z. B. diagnostische Klassifikationen), Auffassungen, Redeweisen, unterstellte Wichtigkeiten und Praktiken, die sich aus der Komplexität von Möglichkeiten sozial durchsetzen, die Kräfteverhältnisse erzeugen konnten wie auch Möglichkeiten der Disziplinierung über Werte, Regeln und Gesetze. Dispositive sagen etwas darüber aus, wie es sein soll. Wir konstruieren Wirklichkeit vor dem Hintergrund spezifischer Diskurse etwa über Gleichberechtigung, Fremdsein, Zugehörigkeit, Wohlstand, Leistung, Gefahren und vieles mehr. Als Handelnde bewegen wir uns in einer Pluralität von Diskursen. Diese stehen aber nicht in einem gleichrangigen Nebeneinander, aus denen man schöpfen kann, sondern aus der Fülle von Möglichkeiten gibt es mehr oder weniger durchsetzungsfähige Diskurse, Anreize, Verlockungen und Verführungen, so oder anders zu denken und zu handeln (vgl. Foucault 2005).

Das weiter oben angeführte Beispiel aus der Sozialen Arbeit soll das Gesagte verdeutlichen: Es ging um eine sozialpädagogische Fachkraft, die einen alleinerziehenden Vater in seiner, wie sie meint, chaotisch, unaufgeräumten Wohnung antrifft. Sozialkonstruktivistisch und diskursanalytisch betrachtet geht es nun nicht nur darum, welche zwei Konstrukte hier aufeinanderprallen, also die der Fachkraft und die des Vaters. Vielmehr geht es darum welcher Diskurs samt den damit einhergehenden Regeln und Werten den jeweiligen Perspektiven zugrunde gelegt ist. Es gibt soziale Diskurse, die Aufräumen und Ordnungssinn als zwanghaft und bürgerlich überangepasst verstehen. Ebenso gibt es Diskurse, die Ordnung als Voraussetzung für ein gelingendes und gesundes Zusammenleben verstehen. Des Weiteren gibt es Diskurse, die Unordnung mit künstlerischer Kreativität und Freiheit verbinden. Eine Problemlösung über Verständigungsakte, die entlang nach Brauchbarkeit/Viabilität verlaufen, wäre für Foucault wohl etwas zu einfach gedacht. Er stellt die Frage der Macht, die sich im Diskurs durchsetzen kann. Im professionellen Kontext wären Quellen der Macht beispielsweise Theorien und das darauf bezogene Anwendungswissen; darüber hinaus professionelle Erfahrung, Abschlüsse einer akademischen Profession und vorhandene Rechtsmittel. In unserem Beispiel: Die Konstrukte der Fachkraft und die des Vaters über die Bedeutung von Ordnung haben unterschiedliche Bezüge und Wertigkeiten im Sinne dahinterliegender Diskurse. Daraus ergeben sich Machtsituationen: Fachdiskurse dominieren Alltagsdiskurse.

Wir können also nachvollziehen, was die helfende Beziehung zu einer Machtbeziehung werden lässt. Erst darüber ist ein sensibel reflektiertes Handeln in der Helferbeziehung möglich. Ist der professionellen Person ihre Anbindung an machtvolle Diskurse bewusst? Oder handelt sie machtblind, indem sie ihre (machtindizierten) Konstrukte dem Klienten einfach überstülpt oder herunterspielt? Das Brauchbare und Passende zu finden setzt nach Foucault die Reflexion von Diskursen und Macht voraus.

Der diskursanalytische Zugang öffnet gleichsam die Tür für eine kritische Gesellschaftsanalyse, etwa das über Jahrtausende währende Patriarchat oder Rassismen. Die Frage ist, welche Diskurse sich durchsetzen, warum und zu wessen Vorteil. Welche Diskurse stärken die Grundrechte, welche weichen sie auf? Wer bekommt warum welche Ressourcen, wem werden sie verweigert, welche Diskurse, getragen von welchen machtvollen Akteuren, stecken dahinter? Welche Gerechtigkeitslücken gibt es vor dem Hintergrund welcher Diskurse und Diskursteilnehmer und wie könnten sie ausgeglichen werden? Es geht also darum, im kritischen Diskurs die tieferliegenden Schichten sozialer Befindlichkeiten und Missstände ausfindig zu machen.

Michel Foucaults sieht den Menschen diskursbestimmt. Daraus ergeben sich Möglichkeiten und Einschränkungen für das Subjekt, Rechte, Pflichten und Positionen. Foucaults diskursanalytischer Zugang verdeutlicht, dass wir nicht nur in einer Welt voller Konstruktionen leben, sondern dass wir vor dem Hintergrund von Diskursen konstruieren, dass Diskurse inhärente Kontrollmechanismen (Prozeduren) aufweisen, dass es machtvolle soziale Diskurse gibt, die uns prägen, denen wir unterworfen sind – Diskurse, welche die einen bevorteilen, andere benachteiligen und zu denen wir uns verhalten müssen. Das kritisch-reflexive Moment gewinnt hier an Bedeutung hinsichtlich einer humanen und gerechten gesellschaftlichen Weiterentwicklung und mit Blick darauf, wie die Diskurse unsere eigenen privaten und fachlichen Schablonen berühren und prägen, welchen Diskursen wir bewusst oder unbewusst nachgeben und von welchen wir uns distanzieren (wollen).

2.4.4 Folgerung des Radikalen und sozialen Konstruktivismus für die Wissenschaft

Die Forschungspraxis in den unterschiedlichen sozial- und geisteswissenschaftlichen Disziplinen orientiert sich sowohl am Radikalen Konstruktivismus wie auch am sozialen Konstruktivismus, wobei Letzterer einen zunehmenden Bedeutungszuwachs erfahren hat.

Zwar gibt es keine eigene Methodologie, jedoch ist das Methodenspektrum vielfältig. Orientiert ist es insbesondere an systemischen, hermeneutischen und phänomenologischen Praktiken. Zentral ist die Einbettung der gewählten Methode in die konstruktivistische Denkweise. Grundlegende Begriffe sind *Wahrnehmung – Beobachtung – Sinn – Kommunikation* und *System*. Sibylle Moser (2011) bietet in ihrem Herausgeberband eine Zusammenstellung der Methodologie und Methoden konstruktivistischen Forschens im Umkreis des Radikalen Konstruktivismus und der soziologischen Systemtheorie.

Wissenschaft kann aus einer konstruktivistischen Perspektive Welt weder enthüllen noch mit Hilfe wissenschaftlicher Methoden Wirklichkeit erkennen. Sie kann lediglich über ihr spezifisches methodisches Vorgehen Wissen generieren. Aus konstruktivistischer Sicht ist Wissenschaft mit ihrem Ziel der Erkenntnisgewinnung ein Beobachtungssystem von wissenschaftlichen Beobachtern. Die Beobachtung erfolgt in Operationen, etwa mittels Messen, Befragen, Vergleichen, und zwar unter methodisch festgelegten Bedingungen und mit Hilfe von exakt definierten Begriffen. Begründet werden Theorien herangezogen. Durch die Möglichkeit der intersubjektiven Überprüfbarkeit der wissenschaftlich generierten Ergebnisse, wird das Wissen auf seine Brauchbarkeit/Validität geprüft. Radikalkonstruktivistisch betrachtet ist Wissen eine „kognitive Repräsentation der Dinge und Verhältnisse, die Beobachter in ihren Beobachtungen erfassen" (Jensen 1999, S. 102). Vor diesem Hintergrund liefert Wissenschaft keine wahren Erkenntnisse über eine objektiv bestehende Welt, sondern deutet die Phänomene und konstruiert sie. Dazu nutzt sie die ‚Beobachtung zweiter Ordnung'. Das Wissenschaftssystem beobachtet sich selbst, wie es zu Erkenntnissen kommt, wie diese begründet und intersubjektiv geteilt, abgestimmt oder nicht geteilt werden. Wissenschaftliche Erkenntnis gilt als eine Form der Wirklichkeitskonstruktion unter anderen Formen, zum Beispiel Erkenntnis durch Erfahrung. Der Unterschied ist, dass Wissenschaft ihre Beobachtungen begründet und methodisch herleitet. Trotzdem bleibt in der Beobachtung der Forschenden Subjektives grundgelegt, durch das hindurch erkannt wird. Wissenschaft ist demzufolge Auslegung. „Alles, was gesagt wird, wird von einem Beobachter gesagt." (von Foerster 1993, S. 84).

Aus konstruktivistischer Sicht ist der Begriff der Objektivität obsolet, wenn der Anspruch besteht, ein Objekt, so wie es ist, beforschen zu können, um dann Aussagen treffen zu können, wie es ist (vgl. von Glasersfeld 1992, S. 31 f.). Es wird immer mehrere Problembeschreibungen, Erklärungsversuche, Perspektiven und Lösungsvorschläge geben, darunter bessere oder schlechtere. Intersubjektive Verständigung, das Einbeziehen mehrerer Sichtweisen können einer Lösung Viabilität vor anderen Lösungen verleihen. Wissenschaftliches Konstruieren wie überhaupt Konstruieren hat also nichts mit Beliebigkeit zu tun. In den konstruktivistisch-methodischen Verfahren geht es um Verfahrenstransparenz, um logische und plausible intersubjektive Begründungen, um die Frage rekonstruierbarer Voraussetzungen und Abläufe, um einer relativen Wahrheit Viabilität zu verleihen.

Von Glasersfeld verzichtet keinesfalls auf den Begriff der Objektivität, deutet ihn aber konstruktivistisch um. Wenn „Begriffe und Vorstellungen sich dann auch in den Modellen der anderen als viabel erweisen, dann gewinnen sie Gültigkeit, die wir mit gutem Recht ‚objektiv' nennen können." (von Glasersfeld 1992, S. 37). Diese Gültigkeit aber ist nur etwas Vorübergehendes, so lange keine tauglicheren Erkenntnisse in einem Bereich produziert werden. Schmidt spricht in diesem Zusammenhang von einem „prozessual angelegten Wahrheitsbegriff" (Schmidt 2003, S. 138).

Wissenschaft liefert keine Erkenntnisse über eine objektiv bestehende Welt und Wirklichkeit, sondern deutet die Phänomene und konstruiert sie. Dazu nutzt sie die Beobachtung zweiter Ordnung. Das Wissenschaftssystem beobachtet sich selbst, wie es zu Erkenntnissen kommt, wie diese begründet und intersubjektiv geteilt, abgestimmt oder nicht geteilt werden. Wissenschaftliche Erkenntnis gilt als eine Form der Wirklichkeitskonstruktion, die im Unterschied zu anderen Formen ihre Beobachtungen begründet und methodisch herleitet. Objektivität ist an Viabilität gebunden.

Der Radikale Konstruktivismus hat, wie bereits erwähnt, keine ausgearbeitete Methodologie, was das wissenschaftliche Forschen anbelangt. Seine Intention ist es, Aussagen über das Erkennen zu machen. Trotzdem lassen sich methodologische Grundannahmen aufstellen:

- Es gibt keine außerhalb des Subjekts liegende Wirklichkeit.
- Das Erkennen von Wirklichkeit ist relativ und an das Subjekt gebunden.

- Es gibt eine Perspektivenvielfalt.
- Es braucht intersubjektive Verständigung über Begründungszusammenhänge, um Viabilität, also Brauchbarkeit zu ermitteln, wie auch Erfahrungen des Erfolgs und Misserfolgs in der Praxis.
- Viabilität entspricht einer rationalen Akzeptiertheit auf Zeit (vgl. Putnam 1993, S. 213 ff.).
- Das Subjekt ist Beobachter erster und zweiter Ordnung, ist teilnehmender und mitgestaltender Akteur.
- Objektivität ist an Viabilität gebunden.

Aus sozialkonstruktivistischer Sicht lässt sich das Gesagte ergänzen:

- Wissenschaft hat auf Perspektivenvielfalt zu achten und dabei auch disziplinäre Grenzen zu überwinden, um ein breites Spektrum von Potenzialen auszuloten (vgl. Gergen/Gergen 2009, S. 75).
- Methodisch eignen sich narrative Interviews, das Erzählen von Lebensgeschichten, um Erhellendes etwa über Alter, Milieu, Flucht, Abhängigkeit etc. zu erwirken.
- Diskursanalysen nach Michel Foucault bieten die Möglichkeit, soziale Regeln herauszufinden (z. B. was man als alter Mensch tut oder nicht tut). Regeln, die Handeln steuern und disziplinieren. Deren Offenlegung kann Menschen unterstützen, sich aus ihren kulturellen Selbstdefinitionen zu befreien (vgl. Gergen/Gergen 2009, S. 85).
- Ethnographische Methoden erlauben, mehr über Gruppen, Milieus, Subkulturen und Ethnien zu erfahren, indem Forschende ins Feld gehen, um vor Ort die Perspektiven der dort Ansässigen zu erfahren.
- Aktionsforschung stellt eine Möglichkeit dar, Potenziale für Veränderung aufzuspüren. Betroffene werden aktiv in den Forschungsprozess eingebunden, beispielsweise Straßenkinder, die Hilfemaßnahmen beurteilen und an Empfehlungen für Verbesserungen mitarbeiten. Eine sozialkonstruktivistisch orientierte methodologische Zugangsweise birgt somit auch das Potenzial, Veränderungen anzustoßen.

Die Haltung der forschenden Person lässt sich aus konstruktivistischer Perspektive wie folgt benennen: Die forschende Person beobachtet sich in der zweiten Ordnung. Sie reflektiert eigene Standpunkte, Erkenntnisinteressen und Vorgehensweisen. Sie reflektiert die Relativität und Begrenztheit ihrer Aussagen und ihres Tuns und fragt nach der Notwendigkeit anderer Perspektiven. Sie verfährt dialogisch, bleibt also nicht im eigenen Konstrukt verhaftet. Die Gültigkeit der Ergebnisse knüpft sie an Brauchbarkeit und Nützlichkeit und prüft diese zusammen mit anderen Forschenden.

2.4.5 Zusammenfassender Überblick und Impulse zur Einordnung

Konstruktivistische Theorien sind Metatheorien, die darüber etwas aussagen, wie wir wahrnehmen, und dass wir Wirklichkeit nicht 1:1 wahrnehmen können. Wir können sie lediglich deuten. Das Ding an sich können wir nicht erkennen. Damit verweist der Konstruktivismus auf die Relativität des Erkennens. Es gibt nach diesem Zugang keine universale Wahrheit, sondern eine Vielheit an Sichtweisen. Damit korrespondiert er mit dem postmodernen Denken, das sich durch Vielheit und Pluralität kennzeichnet. Und er richtet sich gegen Wissenschaftsgläubigkeit.

Der Radikale Konstruktivismus fragt nach der subjektiven Erkenntnisfähigkeit und orientiert sich an der Gehirnforschung. Eine wichtige Grundaussage liefert Humberto H. Maturana. Als strukturdeterminierte kognitive Systeme sind wir, so die Aussage, prinzipiell von außen nicht gezielt beeinflussbar. Wir reagieren im Sinne unserer subjektiven Struktur auf unsere Umwelt. Von Glasersfeld und von Foerster verweisen auf Passung und Viabilität. Subjektive Wahrnehmung orientiert sich an Brauchbarkeit. Diese ist aber keinesfalls beliebig, sondern bedarf Begründungen, ob sie brauchbar und nützlich ist.

Basierend auf lediglich biologische Prämissen wird der Radikale Konstruktivismus von den sozialen Konstruktivisten als zu subjektlastig und einseitig kritisiert. Subjekte, so die Gegenrede, stehen in Beziehung zu Anderen, was wiederum Einfluss auf das Konstruieren hat. Der Mensch wird in eine bereits konstruierte Welt hineingeboren. Sozialkonstruktivistische Zugänge fokussieren auf die Eingebundenheit der Konstrukteure in soziale und kulturelle Verhältnisse, die über Interaktion und Kommunikation Schicht für Schicht aufgebaut worden sind zu Subkulturen, Milieus und Makrokulturen. Michel Foucault zeigt Prozeduren auf, wie sich Diskurse bilden und festigen, welche Machtdynamiken gegeben sind. So gesehen werden wir von Diskursen bestimmt, und zwar mit allen Möglichkeiten und Grenzen, Rechten und Pflichten. Foucaults Ansatz macht Folgendes deutlich: Je mehr eine Konstruktion sozial geteilt ist, je mehr sie sich, warum auch immer, machtvoll durchsetzen konnte, desto mehr gewinnt sie an Objektivität im Sinne von: So ist es!

Übereinstimmung bei den unterschiedlichen sozialkonstruktivistischen Ansätzen besteht darin, dass der Mensch nicht nur an bereits konstruierte Bedingungen angepasst wird, sondern dass er diesen subjektiven Sinn verleiht und dass er Vorgefundenes auch verändern kann. Gegendiskurse können aufgebaut und Legitimationen in Frage gestellt werden. Der Schlüssel dazu ist Kommunikation, Interaktion, Umdeutungen, Handeln. Letzteres erfolgt im Kontext von Beziehungen.

Bei den konstruktivistischen Ansätzen geht es nicht primär um die methodologische Frage des Erkenntnisgewinns, also wie gewinne ich Erkenntnisse, welche Verfahren eignen sich. Vielmehr geht es um die Frage, wie der Menschen erkennen kann. Trotzdem lassen sich methodologische Grundsätze aufstellen, wie sie weiter oben benannt wurden. Gefragt im Wissenschaftsprozess wird nach Beobachtungskriterien, Intentionalität, Zielorientierung, Sinnhaftigkeit, Deutungsfolien und blinden Flecken. Forschung und Theoriebildung im Kontext konstruktivistischer Positionierung setzt die dazu passende Haltung der forschenden Person voraus. Gefragt ist die Beobachtung auf der zweiten Beobachtungsebene.

3 Soziologische Systemtheorie von Niklas Luhmann

In diesem Kapitel lernen Sie die Grundlagen der soziologischen Systemtheorie von Niklas Luhmann kennen, nebst einer historischen Einbettung des Ansatzes. Niklas Luhmann (1927-1998) studierte Rechtswissenschaften und war zunächst in der Verwaltung tätig, vorwiegend im niedersächsischen Kultusministerium. 1960/61 ging er an die Harvard Universität in den USA, um Soziologie und Verwaltungswissenschaft zu studieren. Dort begegnete er dem bekannten amerikanischen Systemsoziologen Talcott Parsons (1902-1979), der einen nachhaltigen Einfluss auf Luhmann ausübte. Über Parsons lernte er die Systemtheorie kennen, die Luhmann weiterentwickelte und woraus sein Lebenswerk entstand. Er hat ein umfassendes Werk hinterlassen: Etwa 40 Monografien und 600 Veröffentlichungen. Hinzu kommt ein von ihm angelegter, beeindruckender Zettelkasten mit ca. 90.000 Notizen, der für die Nachwelt durch das Niklas Luhmann-Archiv erhalten geblieben ist.

In der deutschsprachigen Soziologie hat Luhmanns Ansatz, seine Theorie der Gesellschaft als Erkenntnistheorie, viel Aufmerksamkeit und Bedeutungszuschreibung und gleichzeitig viel Kritik erfahren. Luhmann hat eine Universaltheorie vorgelegt, ein komplexes theoretisches Konstrukt, das Systeme und ihre Differenz zur Umwelt umfassend erklärt. Er gehört zu den führenden Systemtheoretikern des 20. Jahrhunderts, der die traditionellen Systemtheorien ausgebaut und weiterentwickelt hat. Luhmann hat seine eigene Terminologie komponiert, die es ihm ermöglichte, die Komplexität seines Ansatzes zu entfalten. Für viele Rezipienten stellen Luhmanns Texte eine große Herausforderung und Hürde dar, sowohl was die Begriffsexplikation wie auch die Abstraktion der Aussagen betrifft.

Der Fokus meiner weiteren Ausführungen liegt auf der Darlegung des theoretischen Gebäudes in seinen Grundzügen. Dazu gehört die Explikation von Luhmanns basaler Begrifflichkeit. Um das Verstehen zu unterstützen, versuche ich die Ausführungen an manchen Stellen schlicht zu halten, soweit mir das vertretbar erscheint, und verzichte auf verkomplizierende Details. In den Ausführungen wird deutlich werden, wie eng konstruktivistisches und systemtheoretisches Denken miteinander verknüpft sind. Luhmanns Begriffsgebäude steht in einem inneren Verweisungszusammenhang und ist vernetzt angeordnet. Zwar gibt es Basisbegriffe wie System und Umwelt, Struktur und Prozess, Funktion, Kontingenz und Komplexität, Sinn und Kommunikation, jedoch lassen sich die Begriffe nicht hierarchisch nach Wichtigkeit systematisch ordnen. Man könnte bei jedem Begriff ansetzen, um Luhmanns Terminologie zu erläutern. Die Frage stellt sich also, wie am besten anfangen, um das komplexe Theoriegebäude darzulegen. Da er selbst im Laufe seines Schaffens seine Theorie weiterentwickelt hat – von der Theorie der Ausdifferenzierung der Gesellschaft hin zur Theorie autopoietischer Systeme –, soll diese Zeitachse auch in etwa der Leitfaden für die folgenden Ausführungen sein. Zunächst beginnen wir mit den Vorläufertheorien, an denen sich Luhmann orientierte und gehen dann über zur Theorie der funktional differenzierten Gesellschaft. Es folgt die Erläuterung zentraler Begriffe und Aussagen. Anschlüsse zum vorangegangenen Kapitel werden deutlich. Erweitert wird das Ganze durch die Inklusions-Exklusions-Thematik. Nach einer kritischen Reflexion und einer wissenschaftstheoretischen Abrundung erfolgt eine Hinführung zum theoretischen Zusammenhang zwischen Systemtheorie und Netzwerktheorie. Damit schließt sich der Bogen, und zwar mit der Frage, welche Reichweite das Konzept der funktional ausdifferenzierten Gesellschaft für die aktuellen sozialstrukturellen Entwicklungen hat.

3.1 Systemtheoretische Vorläufertheorien

Den Beginn des systemtheoretischen Paradigmas in den Wissenschaften bringen Händle/Jensen (1974, S. 12 f., 45) mit der Gründung der „Society for General System Research“ in Verbindung. Gegründet wurde sie von Ludwig von Bertalanffy (1901-1972), Kenneth E. Boulding, Ralph Waldo Gerard sowie Anatol Rapoport. Im Mittelpunkt stand die Erforschung komplexer naturwissenschaftlicher, sozialer, ökonomischer, politischer und militärischer Phänomene – Phänomene also, die sich mit kausal-analytischen Erklärungsmustern nicht zureichend beschreiben lassen. So suchte man nach Modellen, die es ermöglichten, dynamischen Szenarien auf ihre Strukturen, komplexen Zusammenhänge und Wechselwirkungen, Konstanten und Variablen hin zu analysieren. Ziel war es somit, Komplexität zu erfassen. Hierbei verwendete der Biologe Ludwig von Bertalanffy zum ersten Mal den Begriff der „Allgemeinen Systemtheorie“ (General System Theory). Aussagen über Systeme sollten interdisziplinär genutzt werden können (vgl. Bertalanffy 1968). Dem unterliegt die Annahme, dass Systeme, gleich ob biologisch, sozial oder personell, grundlegende gemeinsame Eigenschaften haben. Bertalanffy spricht von offenen, auf Umwelt hin angelegten Systemen. Die intendierte interdisziplinäre Übertragbarkeit setzte freilich voraus, dass die systemtheoretischen Aussagen allgemeiner Art und abstrakt formuliert waren. Sie basieren auf axiomatischen Annahmen, die als gültig angenommen werden. Ein Axiom lautet etwa: Das Ganze ist größer als die Summe der Teile. Auch wenn ein letztgültiger Beweis nicht möglich ist, sind die Grundannahmen, so der Anspruch, doch an der empirischen Wirklichkeit zu prüfen.

Die Allgemeine Systemtheorie fand in den 1950er und -60er Jahren in den

USA insbesondere im ökonomischen und politischen Kontext großen Anklang. Man sah in ihr das große Potenzial, komplexe Systeme wie Wirtschaft und Gesellschaft zu analysieren.

Die Nachfolgeorganisation der „Society for General System Research" ist die „International Society for the Systems Sciences (ISSS)" (siehe unter www.isss.org/home/) (Abfrage: 26.10.2020).

Niklas Luhmann bezieht sich auf die Allgemeine Systemtheorie, nicht ohne ihre Lücken aufzuzeigen (vgl. Luhmann 1984, S. 22; 2004, Kapitel „Allgemeine Systemtheorie"). Ebenso nimmt er Anleihen an den kognitionsbiologischen Aussagen und Theoremen von Humberto Maturana wie auch Heinz von Foersters Kybernetik und Beobachtung zweiter Ordnung, die im vorigen Kapitel erläutert wurden. Das Neue an Luhmanns Ansatz ist, dass diese Theoriebausteine auf soziale Systeme bezogen werden und nicht auf Subjekte oder Gehirne. Bedeutenden Einfluss auf ihn hatte vor allem Talcott Parsons. Um die Schnittstellen zwischen Luhmanns Konzept und dem von Parsons zu verdeutlichen, skizziere ich im Folgenden zentrale Bausteine von Parsons Ansatz, auf die Luhmann Bezug genommen hat. Ausgewählte theoretische Bausteine hat er weiterentwickelt, aber auch Umkehrungen vorgenommen, indem er Parsons Denken nicht gefolgt ist. Insgesamt vollzog Luhmann die Umkehrung von einer Parson'schen Handlungstheorie hin zu einer funktional-differenzierten Theorie der Gesellschaft.

Es war Talcott Parsons, der den Systembegriff in die Soziologie einbrachte. Er verknüpfte verhaltensorientierte, psychoanalytische, entwicklungspsychologische und interaktionistische Zugänge mit einer Gesellschaftsperspektive. Bekannt geworden ist insbesondere seine Theorie des sozialen Handelns und die „funktionalistische", also systembezogene Betrachtung von Handlungen. Der Begriff der sozialen Rolle stellt gleichsam das Verbindungsglied zwischen Individuum und Gesellschaft dar.

Aufmerksamkeit erfuhren auch die von Parsons herausgearbeiteten Interaktions- und Steuerungsmedien wie *Geld*, *Macht*, *Einfluss*, *Wertbindungen*, die er als integrative Strukturen von sozialen Teilsystemen betrachtete (vgl. Jensen 1980). Gesellschaft als soziales System bildet nach Parsons vier soziale Subsysteme mit zentralen Grundfunktionen heraus:

- das *ökonomische System,* mit der Funktion der Anpassung an die materielle Umwelt;
- das *politische System* mit der Funktion, gesellschaftliche Zielsetzungen zu formulieren;
- das *Gemeinschaftssystem* mit der Funktion der Integration durch Sozialisation; und
- das *sozial-kulturelle System* mit der Funktion, Werte, Normen und Leitbilder zu bewahren.

Systemspezifische Medien, so genannte symbolisch generalisierte Kommunikations- und Austauschmedien, wie Geld, Macht, Einfluss und Wertbindungen, steuern die Systeme. Parsons zeigt die komplexen Austauschverhältnisse zwischen den sozialen Systemen und dem Persönlichkeitssystem und dem normativ-systemischen Bezugsrahmen, der Handeln durchdringt.

Luhmann hat Parsons Medientheorie übernommen und weiterentwickelt. Wir werden später darauf zurückkommen. Bekannt geworden ist auch Parsons AGIL-Schema, mit dem er die Grundfunktionen eines sozialen Systems beschreibt, die es braucht, um die Identität gegenüber der Umwelt zu bewahren und um eine eigene innere Struktur zu entwickeln:

- Adaptation/Anpassung
- Goal Attainment/Zielverwirklichung
- Integration
- Latent pattern maintenance/Bewahrung latenter Strukturen.

Jedes System, damit es im Austausch mit seiner Umwelt funktioniert, braucht also Ziele, muss anpassungsfähig sein, einen inneren Zusammenhalt aufweisen und muss innere Spannungen und Konflikte bewältigen können. Anpassung und Zielverwirklichung dienen der Bewältigung des Austausches mit der Umwelt, Integration und Strukturerhalt dienen der Binnenstabilisierung (vgl. Jonas 1969, S. 163 f.). Sozialsysteme entstehen nach Parsons

> „aus Interaktionen zwischen Menschen. Jedes Mitglied ist also einerseits *Aktor* (mit entsprechenden Zielen, Ideen, Einstellungen usw.) und andererseits *Objekt* der Orientierung, und zwar sowohl für die anderen Aktoren als auch für sich selbst." (Parsons in: Jensen 1976, S. 124).

Wir werden bei Luhmann sehen, dass er speziell diese Aussage verwirft. Soziale Systeme bestehen bei ihm nicht aus Menschen, sondern aus Kommunikation.

Das bisher Gesagte macht bereits deutlich, dass es *die* Systemtheorie nicht gibt, sondern verschiedene Ansätze und Strömungen (vgl. Huschke-Rhein 1988; Luhmann 1984, S. 15-28).

Parsons struktur-funktionaler Ansatz gilt als erster grundlegender systemtheoretischer Ansatz in der Soziologie. Struktur-funktional bedeutet die Annahme, dass soziale Systeme bestimmte Strukturen aufweisen und dass Systeme funktionale Leistungen erbringen, um diese Strukturen aufrechtzuerhalten. Zentral geht es um die Frage des Strukturerhalts der Systeme. Dies zog heftige Kritik nach sich, etwa vonseiten der Kritischen Theorie. Man warf Parsons vor, kapitalistische Gesellschaftssysteme, die soziale Ungleichheit produzierten, zu legitimieren.

Wie bereits erwähnt, hat sich Luhmann mit Parsons Systemtheorie intensiv auseinandergesetzt. Er übernimmt die Gesellschaftstheorie als Systemtheorie, ebenso die Medientheorie, um letztlich aber Grundlegendes theoretisch auf den Kopf zu stellen. Luhmanns Antwort auf Parsons Strukturfunktionalismus ist sein funktional-struktureller Ansatz. So setzt er nicht die Struktur in den Mittelpunkt, sondern die System-Umwelt-Differenz, die Funktionsorientierung von Systemen mit Blick auf Systemerhalt, und zwar im Sinne der Dynamik und von Prozessen des Wandels. Darauf baute Luhmann in der Folge seine Theorie selbstreferentieller Systeme (1984) mit Rückgriff auf den Autopoiesis-Begriff von Maturana und Varela auf. Fokus ist hier der Selbstbezug der Systeme und die Reproduktion der Systeme durch Kommunikation.

3.2 Luhmanns Ansatz und Theoriestruktur

Grundsätzlich geht Luhmann davon aus, dass es Systeme gibt. Seine Überlegungen, wie er schreibt, begännen nicht mit einem erkenntnistheoretischen Zweifel.

> „Der Systembegriff bezeichnet also etwas, was wirklich ein System ist, und läßt sich damit auf eine Verantwortung für Bewährung seiner Aussagen an der Wirklichkeit ein." (Luhmann 1984, S. 30).

Luhmann entwickelt ein komplex verzweigtes Theoriegebäude auf hohem abstrakten Niveau, das Konstruktionsgebäuden naturwissenschaftlicher Theorien ähnelt. Es werden Axiome gesetzt, bestehend aus Beobachtungssätzen, die sich empirisch zu bewähren haben. Er legt eine Universaltheorie vor, ein Beobachtungskonstrukt, mit dem Anspruch, damit alles Soziale beobachten und beschreiben zu können. Gleichzeitig nimmt Luhmann als Wissenschaftler nicht in Anspruch, die einzig wahre Theorie vorzulegen.

Als Soziologe fragt er primär nach der Struktur der Gesellschaft und legt entsprechend eine Universaltheorie der Gesellschaft vor. Seine Fragen lauten diesbezüglich:

- Wie lässt sich die moderne Gesellschaft in ihrer Strukturiertheit beschreiben und erklären?
- Wie funktioniert diese Gesellschaft?
- Wie funktionieren Systeme in Differenz zu ihrer Umwelt?

3.2.1 Moderne Gesellschaft

Luhmann zielt auf die Beschreibung moderner Gesellschaft. Wurde beim Radikalen Konstruktivismus bewusst das Wort ‚radikal' verwendet, um eine erkenntnistheoretische Wende zu kennzeichnen, die besagt, dass der Mensch Wirklichkeit nicht wahrnehmen, sondern nur aus sich heraus konstruieren kann, so würde das Wort radikal auch zum Ansatz Luhmanns passen. Denn radikal wendet er sich davon ab, das Subjekt als konstituierendes Moment der Gesellschaft zu betrachten, so wie es beispielsweise Talcott Parsons und andere Soziologen tun. Dies hat Luhmann vielerorts den Vorwurf gebracht, eine subjektlose Theorie vorgelegt zu haben. Im Zentrum steht nämlich Kommunikation. Wir werden darauf zurückkommen.

Sein Ansatz beinhaltet ein evolutionäres Verständnis in dem Sinne, dass sich Gesellschaften grundsätzlich weiterentwickeln. Moderne Gesellschaft kennzeichnet sich nach Luhmann durch *funktionale Differenzierung*. Dadurch entsteht eine funktionale Form der Arbeitsteilung, die den Systemen eine Leistungssteigerung ermöglicht.

Als moderne Gesellschaft gilt die bürgerlich-kapitalistische Gesellschaft westlichen Formats mit demokratisch-politischen Strukturen. Sie bildet nach Luhmann *Funktionssysteme* heraus wie etwa *Wirtschaft*, *Politik*, *Wissenschaft*, *Recht*, *Erziehung*, *Religion*, die jeweils spezifische Aufgaben für die Gesellschaft erfüllen. Mit dieser funktionalen Arbeitsteilung gewinnt die moderne Gesellschaft ihre Leistungsfähigkeit. Funktionssysteme sind spezialisierte, selbstorganisierte Interaktions- und Kommunikationseinheiten. Sie haben, um ihre Funktion zu erfüllen, eigene Strukturen und Organisationen herausgebildet und ihre Eigenlogik des Funktionierens. Das Funktionssystem Wirtschaft beispielsweise bildet Unternehmen heraus, Handelskammern u. a.m. Das ist gemeint, wenn von der Herausbildung spezifischer Strukturen und Organisationen die Rede ist. Luhmann nennt drei Bezüge alias Referenzen, die Funktionssysteme zu ihrer Umwelt haben:

- die Referenz zur Gesellschaft (hier haben Systeme eine bestimmte Funktion),
- die Referenz zu anderen Systemen (hier geht es um Leistung) und
- die Referenz zum eigenen System (hier geht es um Reflexion, also Selbstbeobachtung).

Luhmann geht davon aus, dass sich durch die funktionale Differenzierung eine neue Form der gesellschaftlichen Integration vollzogen hat. Funktionssysteme unterscheiden sich zwar, aber eben durch diese Unterscheidung sind sie gleich. Es gibt keine gesamtgesellschaftlichen Vorgaben, in welchen Beziehungen die Funktionssysteme zueinander stehen sollen und es gibt auch keine Hierarchie. So gesehen gibt es kein Funktionssystem, das in der Lage wäre, alle anderen Funktionssysteme zu steuern. Auch die Politik kann es nicht. Gesellschaftliche Integration wird vor diesem Strukturhintergrund nicht über eine steuernde Instanz hergestellt, sondern über Differenz. „Jedes Teilsystem übernimmt (…) einen Teil der Gesamtkomplexität“ (Luhmann 1984, S. 262).

Auf der Basis der funktionalen Differenzierung operieren die Funktionssysteme nach ihrer eigenen Logik, ohne Rücksicht auf systemfremde Erwartungen nehmen zu müssen, z. B. menschliche Bedürfnisse oder ökologische Interessen.

Was sind nun Funktionssysteme und wie operieren sie? Um diese Frage zu beantworten, übernimmt Luhmann das Konzept der symbolisch generalisierten Kommunikations- und Austauschmedien von Talcott Parsons, jedoch mit dem Unterschied, dass Luhmann die Kommunikationsmedien nicht auf subjektbezogene Handlungen und Interaktion bezieht, sondern auf Systeme. Er spricht von sozialen Systemen als Kommunikationssysteme, die sich durch symbolisch generalisierte Kommunikationsmedien und Codes selbstreferentiell steuern.

Das *symbolisch generalisierte Medium Geld* steuert die Kommunikation und Interaktion im Funktionssystem Wirtschaft. Dadurch entsteht funktionaler Sinn, darauf bezogene Kommunikation und Interaktion der Bewusstseinssysteme, also Personen im System. Und: Es entsteht Komplexitätsreduktion. Impulse und Erwartungen aus der Umwelt werden mit Hilfe des generalisierenden Kommunikationsmediums nicht nur kanalisiert und in für das System verarbeitbare Bahnen gelenkt, sondern das Steuerungsmedium erhöht ebenso die kommunikative Anschlussfähigkeit und damit die Reproduktion des Systems.

Um das generalisierende Kommunikationsmedium alias Steuerungsmedium zur Wirksamkeit zu bringen, verfügen Funktionssysteme über systemspezifische *Codes* und *Programme*. Diese ermöglichen Systemintegration und einen systeminternen Kommunikationszusammenhang. Auf dieser Basis geschieht ein autopoietisches Operieren mit Hilfe von Kommunikation. So gesehen erfolgt Systemkommunikation vor dem Hintergrund eines bestimmten Frames. Dazu gehören ein generalisierendes Kommunikationsmedium, Codes und Programme. Diese ermöglichen dem System, sich gegenüber der Umwelt abzugrenzen. Die Abgrenzung vollzieht sich wiederum über Kommunikation. Die Grenzen zur Umwelt sind nicht festgezurrt, sondern müssen immer wieder kommunikativ neu hergestellt werden, was letztlich auch Unschärfen nach sich zieht, etwa bei der Frage: Was gehört zum System, was nicht? Aus der systemlogischen Kommunikation heraus entwickeln sich Systemstrukturen und Prozesse. Kommunikation schließt an Kommunikation, ist rekursiv. Systemstrukturen sind relativ zeitstabil, Prozesse dagegen variabel und auf Passung gerichtet, wobei es darunter auch wiederkehrende, zeitstabile Prozessabläufe gibt, zumindest eine Zeit lang.

Ein Funktionssystem operiert also mit Hilfe von Kommunikation und mit Hilfe eines symbolisch generalisierten Kommunikationsmediums, damit einhergehender Codes, Programme, Strukturen und Prozesse und mit einer Grenze zur Umwelt, die immer wieder kommunikativ herzustellen ist.

Diese genannten Eigenschaften machen Systeme analysierbar, d.h. sie können beobachtet werden. Autopoietisch geschlossen operieren Systeme nach ihren inneren Modi und sind gleichsam zur Umwelt hin offen, weil sie den Austausch mit der Umwelt brauchen, um sich selbst zu erhalten. Systeme sind autonom aber nicht autark. Das kennzeichnet ihre Beziehung zur Umwelt. Aus der Umwelt beziehen sie Informationen und Ressourcen. Damit das gelingt, vollziehen Systeme strukturelle Kopplungen, und zwar dergestalt, dass diese mit der Autopoiesis des Systems kompatibel sind. Hier ist dann auch Einflussnahme von außen möglich, etwa durch Irritation, Reizung oder Resonanz (vgl. Luhmann 2004, S. 120 ff.). Wie jedoch der Reiz der Umwelt verarbeitet wird, verbleibt in der Logik des Systems. Auch strukturelle Kopplung läuft über Kommunikation. Je komplexer eine Gesellschaft ist, desto mehr strukturelle Kopplungen gibt es, und je mehr es solche gibt, desto komplexer entwickelt sich die Gesellschaft.

Um die Aussagen zu konkretisieren stelle ich im Folgenden vier Funktionssysteme vor: Das *Funktionssystem Wirtschaft* (vgl. Luhmann 1988), das *Funktionssystem Wissenschaft* (vgl. Luhmann 1992), das *Funktionssystem Massenmedien* (vgl. Luhmann 2009a) und das *Funktionssystem Familie* (vgl. Luhmann 1993a, S. 196 ff.). Weitere Funktionssysteme, die Luhmann explizit herausarbeitet, sind *Politik* (vgl. Luhmann 2002a) *Religion* (vgl. Luhmann 2016), *Recht* (vgl. Luhmann 2009b), *Erziehung* (vgl. Luhmann 2014) und *Kunst* (vgl. Luhmann 2002b).

Zur Rezeption der Funktionssysteme, vor allem, was ihre Diversität anbelangt, gibt es unterschiedliche Vorstellungen. So benennt etwa Walter Reese-Schäfer (vgl. 1999) 14 Funktionssysteme. Rudolf Stichweh (vgl. 2016) nennt zwölf Funktionssysteme, darunter auch Tourismus. Eine spezifische Einteilung nimmt auch Detlef Krause (vgl. 1996) vor.

Wirtschaft als Funktionssystem

Für das Funktionssystem Wirtschaft benennt Luhmann *Zahlung* als die elementare Operation (vgl. Luhmann 1988, S. 52 ff.). Der binäre Code lautet: *Zahlung/Nicht-Zahlung.* Das Steuerungsmedium ist *Geld.* Alle basalen Kommunikationsvorgänge zentrieren sich um das Medium Geld: Käufe, Verkäufe, Investitionen, Angebot, Kalkulationen, Preise, Entlohnung, Gewinne, Anlagen, Steuern und Abgaben usf. Bezogen auf den Code und das Medium werden Programme entwickelt, Investitionsprogramme, Rationalisierungsprogramme, Personalentwicklungsprogramme u. a.m. Vor diesem Hintergrund beobachtet das Funktionssystem Wirtschaft und ihre Organisationen den Markt, damit einhergehend Konkurrenten, (potenzielle) Kunden, Marktchancen, Marktentwicklungen, Nischen etc. (vgl. Luhmann 1988, S. 91 ff.).

Die gesellschaftliche Funktion von Wirtschaft ist die Knappheitsminderung von Gütern. Ihre Leistung ist die Bereitstellung von Gütern. Das klingt zunächst neutral, aber bei genauerem Hinsehen erklärt dieser Zugang, warum die Wirtschaft zunächst einmal nicht auf ökologisches Denken ausgerichtet ist. Dieses kommt dann in den Blick, wenn es funktionalen Sinn macht, wenn etwa ökologische Auflagen zu berücksichtigen sind, Anreize gegeben sind oder die Kundennachfrage sich darauf bezogen verändert. Ansonsten macht es funktionalen Sinn, beispielsweise ein T-Shirt für knapp 5 EUR zu verkaufen, es im Zuge der Herstellung ca. 20 000 km reisen zu lassen, bis es beim Konsumenten landet; es macht funktionalen Sinn, aus Kostengründen auf Billigproduktionsketten mit menschenunwürdigen Arbeitsbedingungen zu setzen, einen immensen Wasserverbrauch zu nutzen, in Kauf zu nehmen, dass Abwässer ungeklärt entsorgt werden und ein hoher CO_2-Ausstoß verursacht wird. Es rechnet sich! Umgekehrt rechnet sich womöglich auch die wirtschaftliche Beteiligung an nachhaltigen Produkten bei entsprechender Nachfrage.

Das mag jetzt etwas platt klingen und sicherlich nicht allen Wirtschaftsunternehmen in der Form gerecht werden. Luhmann arbeitet heraus, nach welchen Logiken die Funktionssysteme operieren. Er will keine Praktiken legitimieren, was ihm manchmal vorgeworfen wurde, sondern will die Funktionsweise moderner Gesellschaft erklären. Wirtschaft funktioniert und beobachtet den Markt mit Hilfe des Steuerungsmediums Geld. Relevante Entscheidungen sind an dieses Steuerungsmedium gebunden. Kommunikation orientiert sich am Medium Geld. Von einem ökologischen Idealismus können Unternehmen nicht leben. Ökologie muss sich rechnen, muss sozusagen in die Zahlenlogik des Systems Wirtschaft überführt werden, um verarbeitet zu werden. Gleiches gilt für Kunstmäzenatentum oder Spenden für soziale Projekte. Diese sind dann interessant, wenn damit ein Bekannterwerden, eine Imageaufbesserung, ein höheres Vertrauen der Kunden einhergehen, wenn sie also an die Logik des Geldes anschlussfähig sind. An diesem Beispiel lässt sich zeigen, was Luhmann mit dem Begriff des operativ geschlossenen Systems meint. Es bezieht sich in seinen Operationen auf sich selbst und zeigt sich gleichzeitig offen für die Umwelt. Selbstverständlich sind im Rahmen struktureller Kopplungen gegenseitige Anpassungsprozesse notwendig, aber sie laufen entlang der Binnenlogik der Systeme. Auf der Basis des Steuerungsmediums, der Codes und Programme trifft das System nach außen Unterscheidungen und stuft Informationen aus der Umwelt als relevant/nicht relevant ein.

Wissenschaft als Funktionssystem

Wissenschaft (vgl. Luhmann 1992) ist nach Luhmann „ein eigenes selbstreferentiell-geschlossenes Sinnsystem (…), das sich (unter anderem) mit Sinnsystemen seiner Umwelt beschäftigt.“ (Luhmann 1984, S. 147). Seine Funktion ist die Erzeugung neuen Wissens; die Leistung ist die Bereitstellung neuen Wissens; das symbolisch generalisierende Medium ist *Wahrheit* und der Code *wahr/unwahr.* Durch die Weiterentwicklung und den Wechsel von Theorien und Methoden hält sich das Funktionssystem am Laufen. Wahrheit bezieht sich auf intersubjektiv geprüftes Wissen, auf der Basis methodischer Verfahren. Als Beobachtungssystem beobachtet Wissenschaft andere Systeme.

Massenmedien als Funktionssystem

Alles, was wir über unsere Gesellschaft und Welt wissen, so Niklas Luhmann, wissen wir durch die Massenmedien (vgl. Luhmann 2009a, S. 9). Er unterscheidet Nachrichten, Berichte, Werbung und Unterhaltung. Als Systeme sind die Massenmedien autopoietisch geschlossen und beobachten Welt nach ihren eigenen Logiken und Maßgaben. Sie informieren und berichten nach ihrer eigenen Beobachterlogik. Die Frage stellt sich für Luhmann, wie Massenmedien Realität konstruieren. Dabei geht es nicht um Repräsentation der Welt, wie sie ist, sondern um die Frage, wie für die Massenmedien Anschlusskommunikationen möglich werden. Diese werden durch Themen gesichert (vgl. Luhmann 2009a, S. 20).

Der binäre Code lautet: *Information/Nichtinformation*. Informationen müssen neu sein. Am Nachhaltigsten betrifft dies die Nachrichten. Wird eine Nachricht wiederholt, verliert sie ihren Informationswert. So besteht ein permanenter Bedarf an neuen Informationen, um das System am Laufen zu halten. Um Aufmerksamkeit zu erzeugen werden temporäre Geschichten erzählt, Affären, Skandale und Normverstöße, Zufälle, Unfälle, Katastrophen. Insgesamt werden Konflikte bevorzugt, Brüche, aufrüttelnde Quantitäten wie Statistiken, gewichtige lokale Bezüge (vgl. Luhmann 2009a, S. 42 ff.). Zusätzlich wird die Welt durch die Massenmedien „mit Geräusch gefüllt, mit Initiativen, Kommentaren, Kritik." Und Kommentare erzeugen wiederum neue Kommentare (Luhmann 2009a, S. 50). Durch Wiederholungen in Variationen entstehen Stereotypisierungen und das Bild einer Welt der Unruhe. Dimensionen der Ruhe, des Funktionierens werden ausgeblendet. Auch bezüglich Werte „scheinen die Massenmedien die Art zu bestimmen, wie die Welt gelesen wird", sozusagen was richtig und falsch, akzeptabel, nicht akzeptabel ist und wie es sein sollte (Luhmann 2009a, S. 98 f.). Massenmedien erzeugen eine ganz spezifische Realität.

Daraus wiederum entstehen Unruhe, Erregung und Irritierbarkeit, der Eindruck einer mit Störungen durchzogenen Gesellschaft (vgl. Luhmann 2009a, S. 31 ff.).

Massenmedien beobachten die Gesellschaft auf der zweiten Beobachtungsebene und sie tun dies in ihrer spezifischen Logik, was sich in der Auswahl der Inhalte und die Form der Darreichung ausdrückt. An dieser Stelle wird deutlich, dass die zweite Beobachtungsebene nichts Neutrales ist, sondern an die Bedingungen des Systems geknüpft ist. Ausblendungen und blinde Flecken gehören also dazu.

Gleichzeitig garantieren die Massenmedien allen Funktionssystemen „eine gesellschaftsweit akzeptierte, auch den Individuen bekannte Gegenwart, von der sie ausgehen können" – eine Gegenwart, auf die man sich einstellen kann. Das ermögliche eine gewisse Stabilität (Luhmann 2009a, S. 120 f.).

Massenmedien reagieren empfindlich auf neue gesellschaftliche Probleme, z. B. Folgen von Technologie oder ökologische Probleme, internationale Finanzmärkte, Risiken der Demokratie, Gerechtigkeitsfragen u. a. und sind so für Demokratien unentbehrlich.

Vor dem Hintergrund des Gesagten und den Unterscheidungen, die das Funktionssystem Massenmedien beim Beobachten trifft, stellt sich für die Mitglieder der Gesellschaft nach Luhmann allerdings die Frage, wie es möglich ist, „Informationen über die Welt und über die Gesellschaft als Informationen über die Realität zu akzeptieren, wenn man weiß, wie sie produziert werden?“ (Luhmann 2009a, S. 147.)

Familie als Funktionssystem

Familie als Funktionssystem hat die Aufgabe der gesellschaftlichen Vollinklusion der Person. Luhmann geht dezidiert nicht von gesellschaftlichen Zwecken der Familie aus, wie Reproduktion, Sozialisation u. a., sondern vom Inklusionsgedanken. Die Familie bildet sozusagen „das Modell einer Gesellschaft, die nicht mehr existiert“ (Luhmann 1993a, S. 208). Denn: Die funktional-differenzierte Gesellschaft kann keine Vollinklusion ihrer Mitglieder leisten. Mit Vollinklusion ist Folgendes gemeint:

> „Die Familie lebt von der Erwartung, daß man hier für alles, was einen angeht, ein Recht auf Gehör, aber auch eine Pflicht hat, Rede und Antwort zu stehen (…) Gerade der Umstand, dass man *nirgendwo* sonst in der Gesellschaft für *alles*, was einen kümmert, soziale Resonanz finden muss, steigert die Erwartungen und die Ansprüche an die Familie“ (Luhmann 1993a, S. 208).

Familie als Interaktionssystem ist nach Luhmann der einzige Ort, wo alles, was eine Person betrifft, grundsätzlich eingebracht werden kann. Alle Fragen um die Person eines Familienmitglieds sind im System Familie grundsätzlich der familieninternen Kommunikation zugänglich. Luhmann spricht in diesem Zusammenhang von „enthemmter Kommunikation“ (Luhmann 1993a, S. 203 f.). Familien kreieren ihre jeweils eigene Kommunikationsstruktur und Regeln, über welche Inhalte kommuniziert werden können. Enttäuschungen durch eine solch hohe Erwartungshaltung an die Familie als einziger Instanz der Gesellschaft, wo der Mensch als Ganzes seine Verortung hat, sind nach Luhmann vorprogrammiert. Der Wunsch nach Intimität, Verstandenwerden, Liebe und Glück steigert die Ansprüche an die Familie und überfordert sie letztlich mehr oder weniger.

Im Familiensystem erfolgen Teilsystembildungen: Elternsystem, Geschwistersystem und Variationen davon (z. B. Mutter-Tochter-System). Durch die Subsysteme stehen möglicherweise bestimmte Kommunikationsinhalte nicht mehr allen Familienmitgliedern zur Verfügung, was Spaltungen mit sich bringen kann (vgl. Luhmann 1993a, S. 213).

Auch für das Funktionssystem Familie gilt, dass es autopoietisch geschlossen und zugleich umweltoffen ist. Anders als Wirtschaft oder Politik stellt es kein Teilsystem der Gesellschaft dar. Es gibt nur Einzelfamilien und keine Gesamtheit der Familien, die etwa durch das Medium Liebe geeint ist. Das Funktionssystem Familie verfügt auch nicht, wie Organisationen, über Programme, um auf Umwelt zu reagieren, sondern es braucht personale Adressierungen für die Wahl, was kommuniziert wird.

Das Sozialsystem Familie besteht, so Luhmann, nicht aus Menschen, sondern aus Kommunikation (vgl. Luhmann 1992, S. 197). Der Mensch ist Umwelt. Wir werden diesen Punkt später nochmal aufgreifen. Als Kommunikationssysteme sind Familien nicht ein Gegenüber der Gesellschaft, sondern vollziehen diese auf ihre Weise. Sie kreieren ihre Themenwahl, geben sich eine Ordnung, bauen Tabus auf …

Das Konzept der funktionalen Differenzierung zielt auf das Erkennen der Funktionsweise moderner Gesellschaft. Luhmann beschreibt Funktionssysteme der Gesellschaft, die in keinem hierarchischen Verhältnis einander zugeordnet sind. Er beschreibt Funktionssysteme als autopoietisch operierend und sich strukturell verkoppelnd. Sie übernehmen jeweils Leistungen der Gesellschaft und können einander nicht ersetzen. Bezogen auf ihre Funktion reduzieren sie Umweltkomplexität mit Hilfe eines Steuerungsmediums, von Codes und Programmen. Lediglich das Familiensystem als Funktionssystem unterscheidet sich von den anderen Teilsystemen, da es hier keine übergeordneten Codes und Programme gibt.

3.2.2 Begriffe

System und Umwelt

Systeme sind Unterscheidungen zur Umwelt. Umwelt ist nicht System und besteht auch nicht nur aus Systemen, sondern auch aus Ereignissen. Umwelt ist komplexer als das System. Jedes System ist autopoietisch, also operativ geschlossen und gleichzeitig auf Umwelt hin offen, weil es auf Austauschprozesse (Ressourcen, Informationen etc.) angewiesen ist. Luhmann definiert den Systembegriff in Differenz zur Umwelt:

> „Danach besteht ein differenziertes System nicht mehr einfach aus einer gewissen Zahl von Teilen und Beziehungen zwischen Teilen; es besteht vielmehr aus einer mehr oder weniger großen Zahl von operativ verwendbaren System/Umwelt-Differenzen,

die jeweils an verschiedenen Schnittlinien das Gesamtsystem als Einheit von Teilsystemen und Umwelt rekonstruieren" (Luhmann 1984, S. 22).

Systeme sind dynamisch und veränderlich. Um sich selbst zu erhalten, kennzeichnen sie sich durch Selbstreferentialität und Prozessualität. Umwelt ist Ausgangspunkt weiterer Operationen, die aber nach der inneren Logik eines Systems prozessiert werden. Umweltkomplexität wird nach Maßgabe der inneren Logik reduziert. So gesehen nimmt das System immer wieder neue Systemzustände an, ist in Bewegung.

Systeme bestehen nicht aus Menschen, sondern aus Kommunikation. „Jeder soziale Kontakt wird als System begriffen bis hin zur Gesellschaft als Gesamtheit …" (Luhmann 1984, S. 33).

Ein System besteht aus Elementen, die in Wechselbeziehung zueinander stehen, und die zum Zwecke des Systemerhalts vom System immer wieder reproduziert werden müssen. Elemente sind keineswegs von Dauer. Zu den Elementen zählen etwa Kommunikationen und Handlungen (vgl. Luhmann 1984, S. 42). Das spezifische Zusammenwirken der Elemente, ihre Relation, zeigt die besondere Charakteristik und Qualität des Systems.

Was nicht zum System gehört ist Umwelt. Dieser Begriff der Umwelt hat nichts mit Ökologie zu tun. Luhmann weist darauf hin, dass Umwelt nicht als eine Art Restkategorie verstanden werden dürfe. Vielmehr sei das Umweltverhältnis *konstitutiv* für Systembildung. Sie sei nicht lediglich für die Erhaltung des Systems, für Nachschub von Energie und Information bedeutsam, sondern sie sei Voraussetzung für die Identität des Systems, weil diese nur durch Differenz möglich sei (vgl. Luhmann 1984, S. 242 f.).

Da Umwelt komplexer ist als das System, muss dieses Mehr an Komplexität vom System so reduziert werden, dass es dieses Mehr verarbeiten kann. Und hier tritt das Phänomen der *Selbstorganisation* auf, die wir bereits beim Konstruktivismus kennengelernt haben. Es ist die Struktur des Systems, die die Operationsweise festlegt, wie sie Umwelt verarbeitet und wie sie auf Impulse der Umwelt reagiert.

Je komplexer die Struktur eines Systems ist, so Luhmann, desto differenzierter kann es auf Umweltimpulse reagieren.

Ein Beispiel: Durch die Corona-Pandemie musste im Sommersemester 2020 der ganze Studienbetrieb digitalisiert und auf Distance Learning umgestellt werden. Je komplexer die betreffenden Hochschulen strukturiert waren, also digitales Lernen bereits im System integriert und Erfahrungen mit entsprechenden Programmen hatten, beispielsweise mit ZOOM und Moodle, eine eigene EDV-Abteilung aufwiesen und über Supportmöglichkeiten für das wissenschaftliche Personal verfügten, desto leichter gelang es ihnen in der Regel, sich auf die neuen Umweltanforderungen einzustellen.

Die eigene Systemkomplexität ist der Gradmesser, wie viel Umweltkomplexität das System verarbeiten kann. Transferieren wir dieses Axiom etwa auf die Familienhilfe, so stellt sich professionell-systemtheoretisch die Frage, über wie viel Strukturkomplexität Familien verfügen, mit deren Hilfe Eltern und ihre schulpflichtigen Kinder beispielsweise die Corona-Quarantäne bewältigen konnten. Wie flexibel zeigte sich die Arbeitsteilung? Welche Kompetenzen waren vorhanden bezüglich schulischer Lernhilfen, bezüglich des Füllens von Zeitfenstern mit kreativen Angeboten, mit Konfliktbewältigungspotenzial, mit technischem Know-how und digitaler Ausstattung, um mit der Umwelt zu kommunizieren. Je mehr Strukturkomplexität vorhanden ist, so die Annahme, desto mehr Bewältigungspotenzial für die komplexen Umweltanforderungen ist gegeben. Erfolgreiche Systeme sind also nicht nur dynamisch und flexibel, sondern auch komplex strukturiert.

Die innere Operationsweise des Systems, so Luhmann, zielt auf *Stabilität*. Auch diese ist keine statische Größe, sondern lebt von der Dynamik und Flexibilität des Systems. Stabilität beinhaltet lediglich, dass sich das System aufrechterhalten kann, was noch nichts über die Qualität der inneren Struktur aussagt. Gewalttätige Familiensysteme können über lange Strecken durchaus funktionale Stabilität zeigen.

Drei Grundtypen sozialer Systeme

Luhmann unterscheidet

- Interaktionssysteme,
- formal organisierte Systeme
- und das Gesellschaftssystem mit seinen Funktionssystemen.

Interaktionssysteme entstehen dort, wo Anwesende kommunizieren und handeln, also etwa das Hilfesystem Fachkraft/Adressat*in, ein Familiensystem, ein Freundschaftssystem, ein Gruppensystem. Interaktionssysteme umfassen auch flüchtige und spontane Beziehungen, etwa Begegnungen beim Einkaufen. Interaktionssysteme sind von längerer oder kürzerer Dauer. Organisiert sind sie von straff bis lose (vgl. Luhmann 1991a-c).

Funktional differenzierte Systeme, wie sie weiter oben beschrieben wurden, entwickeln eine Vielfalt *formal organisierter Systeme* mit spezifischen ökonomischen, politischen, religiösen, kulturellen, sozialen u. a. Zwecksetzungen. Formal organisierte Systeme sind etwa Unternehmen, Schulen und Hochschulen, Parteien, Behörden, Vereine u. a. Dieser Systemtyp hat eine jeweils auf den Zweck hin gerichtete innere Struktur. Zweck eines Unternehmens ist es, Gewinne zu erwirtschaften. Zweck einer Oppositionsfraktionen im Parlament ist es, gegenüber der Regierung Kontrollfunktionen wahrzunehmen. Zweck eines Wohlfahrtsverbandes ist es, soziale Dienstleistungen anzubieten. Zur Struktur, die in

Organisationen weniger oder mehr hierarchisch angelegt ist, gehören arbeitsteilige Spezialisierungen und Formen der internen Zusammenarbeit. Organisationen haben Mitgliedschaftsregeln. „Durch die Übernahme einer Mitgliedsrolle erklärt sich eine Person bereit, in bestimmten Grenzen Systemerwartungen zu erfüllen" (Luhmann 1999, S. 42). Formal organisierte Systeme haben durch ihre Zuordnung an das jeweilige Funktionssystem generalisierende Steuerungsmedien, Codes und Programme. Mit Hilfe interner Regeln können sie Verhaltenserwartungen an die Mitglieder durch spezifische Sanktionsinstrumentarien kanalisieren und kontrollieren. Beispielsweise durch Statusmittel und -zuschreibungen, Lob, Tadel, Geld, Verweise, Beförderung und die Möglichkeit des Ausschlusses. Es gibt Aufnahmebedingungen, um in das System aufgenommen zu werden, beispielsweise Bewerbungen, es gibt Arbeitsverträge und damit einhergehend Aufgaben- und Stellenbeschreibungen. Es gibt Symboliken, Sprachcodes und systemspezifische Kommunikationen.

Aus der Funktionsperspektive von organisierten Systemen geht Luhmann eher von einer grundsätzlichen Austauschbarkeit von Personen als Funktions- und Rollenträger aus. Fällt ein Mitglied in seiner Funktion aus, wird es ersetzt (vgl. Luhmann 1995a, S. 45).

Gesellschaft als System ist bei Luhmann ein Universalbegriff. Gemeint ist die „Gesamtheit der sozialen Beziehungen, Prozesse, Handlungen und Kommunikationen" in der Welt, und zwar auch diejenigen, die potenziell möglich sind (Luhmann 1984, S. 555 ff., 585). So gesehen steht der Begriff der Gesellschaft als Sammelbegriff für alles Soziale in der Welt überhaupt. Diese Universalisierung ist einer gewissen Pragmatik geschuldet, denn Ökonomie, Politik, Wissenschaft, Kunst, Kultur, Freizeit verbleiben nicht national, sondern sind global ausgerichtet. Auch die großen gesellschaftlichen Fragen und Probleme, sind global, etwa Klimawandel und Umweltverschmutzung, Gerechtigkeit, Armut, Rassismus, Seuchen u. a. Durch diesen auf Welt bezogenen Gesellschaftsbegriff ist es möglich, Weltkomplexität zu beobachten.

Die Funktionssysteme der Gesellschaft sind als Aggregate von Organisationssystemen und Interaktionssystemen zu verstehen. Funktionssysteme definieren die Relevanz der anderen Systemebenen und liefern ihnen für ihre Operationsweise Codes und Programme.

Durch die funktionale Ausdifferenzierung und die Anpassungsleistungen der Systeme an ihre Umwelt, wird Gesellschaft zunehmend komplexer. Die Systemantwort auf Probleme, die Systeme zu bearbeiten haben, heißt: Komplexitätssteigerung! Also etwa noch ein weiterer Arbeitskreis, eine weitere Partei, eine Sonderkommission, mehr Zulieferer usf. Dies wirft nicht nur Steuerungs- und Transparenzprobleme auf, sondern auch Orientierungsprobleme für die Systemmitglieder hinsichtlich des eigenen Rollenmanagements (vgl. Luhmann 1995b, S. 130 f.).

Autopoiesis – Konstruktivismus – Selbstreferenz

Ab den 1980er Jahren erweitert Luhmann seine Theorie maßgeblich durch die Integration des Autopoiesis-Konzepts von Humberto H. Maturana, indem er es auf Systeme überträgt. Damit kennzeichnet er seinen erkenntnistheoretischen Ausgangspunkt. Bedeutung hat beim Erkennen der Beobachter, hier: Systeme. Als Beobachter konstruieren sie nach Maßgabe ihrer Autopoiesis ihre Wirklichkeit. Luhmanns Interesse richtet sich nun weniger darauf, was, sondern darauf, *wie* beobachtet wird, also mit welchen Unterscheidungen ein System beobachtet. Denn, so in Anlehnung an Maturana: Jedes erkennende System kann nur innerhalb seiner eigenen Grenzen operieren. Luhmann vertritt einen operativen Konstruktivismus und arbeitet mit der Begriffstrias: *Beobachten*, *Unterscheiden*, *Bezeichnen*. „Erkenntnis wird demnach durch Operationen des Beobachtens und des Aufzeichnens von Beobachtungen (Beschreiben) angefertigt." (Luhmann 2001, S. 222). Erst durch Unterscheidung ist Beobachten möglich. Eine basale erkenntnisleitende Operation ist die Unterscheidung System und Umwelt. Die Frage stellt sich nun, wie Systeme beobachten und welcher Grad der Selbstbeobachtung einfließt. Das Wissenschaftssystem etwa beobachtet nach dem Code wahr/unwahr. Dies setzt eine Beobachtung zweiter Ordnung voraus (vgl. Luhmann 2001, S. 226).

Luhmann macht deutlich, was eine konstruktivistische Erkenntnistheorie aus soziologischer Perspektive voraussetzt. Grob skizziert:

1. Die Unterscheidung von Operation und Beobachtung – Letztere verstanden als Unterscheidung;
2. Die Unterscheidung von Beobachtung erster und zweiter Ordnung;
3. Die Unterscheidung von Fremd- und Selbstbeobachtung – dies setzt die Unterscheidung von System und Umwelt voraus;
4. „die Unterscheidung, ob die Beobachtung des Beobachtens auf das zielt, was der beobachtete Beobachter beobachtet (womit er sich beschäftigt) oder auf das, was er nicht beobachten kann (seine Unterscheidung);"
5. „die Unterscheidung des binären Codes wahr/unwahr von anderen Formen der Selbst- bzw. Fremdbeobachtung." (Luhmann 2001, S. 226).

Mit dem Begriff der *Selbstreferenz* wird ausgedrückt, dass sich Systeme selbst beobachten und beschreiben können. Der Begriff verweist auf Reflexion. So gedacht ist Reflexivität nicht lediglich auf Bewusstsein bezogen, sondern hier auf soziale Systeme (vgl. Luhmann 1984, S. 57). Systeme sind selbstreferentiell und beziehen sich in ihrem Operieren immer nur auf sich selbst. Impulse aus der Umwelt passt das System an seine innere Struktur an. Das heißt nicht, dass Impulse keinesfalls so aufgenommen werden, wie es die Umwelt beabsichtigt. Wenn das so geschieht, dann passen die Impulse der Umwelt zur inneren Struktur des Systems und sind mit ihr kompatibel.

> „Ein System kann man als selbstreferentiell bezeichnen, wenn es die Elemente, aus denen es besteht, als Funktionseinheit selbst konstituiert und in allen Beziehungen zwischen diesen Elementen eine Verweisung auf diese Selbstkonstitution mitlaufen läßt, auf diese Weise die Selbstkonstitution also laufend reproduziert." (Luhmann 1984, S. 59).

Struktur und Prozess

Systeme weisen eine innere Ordnung auf, eine *Struktur*, die auf die jeweilige Operationsweise des Systems und dessen Code abgestimmt ist. Die Struktur ordnet die Elemente und verweist auf deren funktionale Beziehungen untereinander. Die Struktur legt die Art und Weise der Operation im System fest und wie Umweltkomplexität verarbeitet wird. Die Struktur ist an die Autopoiesis eines Systems gekoppelt und ist wichtig für seine Existenz und Stabilität.

Muss mehr Umwelt-Komplexität verarbeitet werden, reagieren die Systeme mit der Ausdifferenzierung ihrer Struktur. Luhmann verweist auf die relative Dauerhaftigkeit von Strukturen und auf ihre grundsätzliche Wandlungsfähigkeit. Insgesamt ist die Struktur aber das relativ zeitstabile Moment eines Systems. Die Beharrlichkeit von Strukturen lässt sich beispielsweise bei Organisationsentwicklungsprozessen beobachten.

Der *Prozess* hingegen verweist auf Dynamik und Veränderung. Der Begriff *Anpassung* – Anpassung an Umweltanforderungen und auch Anpassung an eigene Systemanforderungen – steht für die Art und Weise, wie Veränderung bewältigt wird. Anpassung ist ein kreativer Akt. Struktur und Prozess, also Konstante und Variable, so Luhmann, seien wichtig, wenn sich das System in einer veränderlichen Umwelt erhalten will (vgl. Luhmann 1973, S. 65).

Emergenz

Von Talcott Parsons hat Luhmann den Begriff der *Emergenz* übernommen. Emergenz heißt so viel wie ‚Auftauchen'. Systeme sind dynamisch, passen sich an Umwelt an und passen diese wiederum an die eigene Autopoiesis an. Im prozessualen Operieren können neue Elemente auftauchen. Emergenz beschreibt die Evolution von Systemen, die letztlich eine Steigerung der Komplexität nach sich zieht. In Unternehmen werden beispielsweise neue Projektteams oder Abteilungen gegründet, es werden neue technische Errungenschaften und neues Wissen integriert; in der Politik wird Nachhaltigkeit in die Programme aufgenommen usf. Emergente Prozesse sind auf allen Systemebenen zu beobachten: Auf der Interaktionsebene, Organisationsebene und Gesellschaftsebene. So gedacht sind Lernen und Entwickeln emergente Prozesse, weil neue Elemente, neues Denken, Fühlen und Handeln dazukommen.

Komplexität und Kontingenz

Der Begriff der Komplexität wurde bereits mehrfach angedeutet. Luhmann spricht von *organisierter Komplexität*, die nur durch Systembildung zustande kommen kann, und zwar durch selektive Beziehungen zwischen den Elementen.

> „Als komplex wollen wir eine zusammenhängende Menge von Elementen bezeichnen, wenn auf Grund immanenter Beschränkungen der Verknüpfungskapazität der Elemente nicht mehr jedes Element jederzeit mit jedem anderen verknüpft sein kann." (Luhmann 1984, S. 46).

Wer mit wem kommuniziert, ist nicht mehr allen im System zugänglich. Luhmann beschreibt dieses Phänomen mit dem Begriff der *Kontingenz*, die Unbestimmtheit bedeutet.

> „Kontingent ist etwas, was weder notwendig ist noch unmöglich ist; was also so, wie es ist (war, sein wird), sein kann, aber auch anders möglich ist." (Luhmann 1984, S. 152).

Alles kann so oder anders sein, so oder anders gewesen sein. Damit werden Möglichkeitshorizonte aufgeworfen, die für Kommunikation und Entscheiden gleichsam Irritationen erzeugen können. Aus dem Möglichkeitshorizont muss eine Wahl getroffen werden. Es gibt einen Selektionszwang. Wenn etwa Adressaten ihre Probleme schildern, kann es so oder anders gewesen sein. Je mehr Beteiligte desto mehr Perspektiven. Helfende müssen in diesem Horizont der Möglichkeiten, also inmitten von und trotz Kontingenz entscheiden und handeln.

Luhmann nutzt den von Parsons aufgeworfenen Begriff der ‚doppelten Kontingenz', um die Herausforderungen zu verdeutlichen, wenn alle Beteiligten kontingent handeln, wenn sie so oder anders handeln könnten, wenn beispielsweise A nicht weiß wie B reagiert und dieser nicht, wie A reagieren könnte. Wir müssen das in Rechnung stellen, so Luhmann, und uns auf doppelte Kontingenzen und deren inhärente Zirkulation einstellen (vgl. Luhmann 1984, S. 150, 166).

Mensch – Kommunikation – Sinn

Der Mensch tritt bei Luhmann nicht als eigenständiges System wie etwa beim Radikalen Konstruktivismus auf, sondern lediglich in der strukturellen Kopplung mit dem System. Der Mensch, so Luhmann, mag für sich selbst oder für Beobachter als Einheit erscheinen, aber er ist kein System. Erst recht könne aus einer Mehrheit von Menschen kein System gebildet werden (vgl. Luhmann 1984, S. 67 f.). Systeme bestehen nicht aus Menschen, sondern aus Kommunikation. Menschen nehmen freilich an sozialen Systemen teil, „gehen aber in keinem dieser Systeme und auch nicht in der Gesellschaft selbst ganz auf." Die Gesellschaft bestehe nicht aus Menschen, sie bestehe aus Kommunikationen zwischen Menschen. Die funktionale Differenzierung bewirkt dabei hochspezialisierte Systemkommunikationen (Luhmann 1981, S. 20).

Voraussetzung für Kommunikation ist Bewusstsein, sind also Menschen, denn sie halten die Kommunikation in Gang und ermöglichen Anschlusskommunikationen. Es braucht also eine wechselseitige Interdependenz zwischen Bewusstsein und System. Beide sind nicht nur Umwelt füreinander, sondern können ohne einander nicht bestehen (vgl. Luhmann 1984, S. 92). Die Operationsweisen sind jeweils unterschiedliche: Menschen operieren mit Bewusstsein, Systeme mit Kommunikation (vgl. Luhmann 1984, S. 142, 355). Bewusstseinssysteme sind Teil der Kommunikation und gleichzeitig Umwelt. Menschen, als so genannte Adressen, werden von der Kommunikation in Anspruch genommen. Ohne sie würde Kommunikation zum Erliegen kommen (vgl. Luhmann 2001, S. 111 f.). Anschlussfähig ist Kommunikation, wenn sie auf Erwartungen und Interesse stößt und für die Beteiligten von Bedeutung ist, etwa die Kommunikation in einem Hilfesystem zwischen Sozialarbeiter*in und Klient*in.

Luhmann begreift Kommunikation „als Synthese dreier Selektionen, als Einheit aus Information, Mitteilung und Verstehen" (Luhmann 1984, S. 203). Aus einer Vielfalt von Möglichkeiten wird eine Information ausgewählt, in einer spezifischen Form mitgeteilt (schriftlich, mündlich, symbolisch), und zwar auf der Basis systeminterner Prozesse. Verstehen ist wiederum ein systeminterner Prozess. Eine Information und die damit einhergehende Form kann so oder anders verstanden werden (Kontingenz). Kommunikation, so Luhmann, ist ein „jeweils historisch-konkret ablaufendes, also kontextabhängiges Geschehen … und nicht nur Anwendung von Regeln richtigen Sprechens" (Luhmann 1997, Bd. 1, S. 70). Kommunikation setzt Kommunikation voraus, um anschlussfähig zu sein und um sich zu reproduzieren. Symbolisch generalisierende Kommunikationsmedien, wie z. B. Macht, Recht, Geld, sind Hinweise darauf, wie Kommunikation anschlussfähig ist und nach welchen Kriterien Information selektiert wird. Dieser Vorgang verweist auf den Begriff des *Sinns*, nach dem kommunikative Anschlussoperationen erfolgen. Gemeint ist nicht ein philosophischer oder normativer Sinn, sondern ein funktionaler. Kommunikation macht Sinn, wenn etwas Verwendbares damit einhergeht. Dieses Sinnhafte kann aber nur rekursiv, also im Prozess der Kommunikation erzeugt werden (vgl. Luhmann 1997, Bd. 1, S. 46 f.). Es kann beispielsweise für ein Hilfesystem Sinn machen, bestimmte Hilfeangebote aus dem Programm zu nehmen, weil diese nicht mehr refinanziert werden.

Die theoretische Festlegung, dass psychische Systeme lediglich Umwelt von Systemen sind (vgl. Luhmann 1981, S. 20), hat Luhmann wiederholt Kritik eingebracht. Kritisiert wurde die damit einhergehende Randständigkeit des Subjekts. Aus der Perspektive Luhmanns verfügt das Subjekt jedoch durch diese theoretische Konstruktion über Wahlmöglichkeiten, wie es sich zum System verhalten will, inwieweit es sich an die Erwartungshaltungen des Systems anpassen will, wo es sich verweigert und versucht, das System beispielsweise an eigene

Belange anzupassen. Als Umwelt eines Systems kann sich das Subjekt distanzieren, wehren, verweigern oder das System verlassen. Luhmanns theoretische Konstruktion entbindet das Subjekt aus der Totalität einer Systemeingebundenheit. Daran lassen sich durchaus emanzipative Konzepte anschließen.

Inklusion/Exklusion

Der Begriff der Inklusion taucht bei Luhmann in Verbindung mit den Funktionssystemen auf. Er beschreibt die Beziehung Bewusstseinssystem und Funktionssystem. Beide sind Umwelt füreinander. Inklusion findet dort statt, wo Systeme die Bewusstseinssysteme für ihre Kommunikation in Anspruch nehmen. Das setzt voraus, dass die Bewusstseinssysteme z. B. mit ihren Kompetenzen in Passung zum System stehen. Ungleichheiten sind hier vorprogrammiert. Nicht alle haben die gleichen Chancen der Teilhabemöglichkeit, sprich Inklusionsmöglichkeit in das System, z. B. die Inklusion in höheren Schulen und Hochschulen, den Zugang zu bestimmten Jobs und Berufen, Teilhabe am Recht u. a.

Die Zugangsmöglichkeit zu den Funktionssystemen in modernen Gesellschaften ist bei Luhmann demokratisch konnotiert:

> „Jede Person muß danach Zugang zu allen Funktionskreisen erhalten können je nach Bedarf, nach Situationslagen, nach funktionsrelevanten Fähigkeiten und sonstigen Relevanzgesichtspunkten. Jeder muß rechtsfähig sein, eine Familie gründen können, politische Macht mitausüben oder doch mitkontrollieren können; jeder muß in Schulen erzogen werden, im Bedarfsfalle medizinisch versorgt werden, am Wirtschaftsverkehr teilnehmen können." (Luhmann 1980, S. 31).

Bewusstseinssysteme müssen also grundsätzlich Zugang zu allen Funktionssystemen haben. Bei den Teilsystemen der Funktionssysteme, also beispielsweise Schule, Sozialrecht, Firma sind jedoch die Zugänge Regelungen unterworfen, die der Logik der Teilsysteme entspringen. Die Aufnahme in eine höhere Schule setzt bestimmte Leistungsanforderungen voraus, die Zusage für eine Arbeitsstelle bestimmte Kompetenzen. Wer den Kriterien, Bedingungen und Erwartungsstrukturen der Inklusionsmodi, die das System setzt, nicht entspricht, bleibt exkludiert oder, falls Inklusion bereits gegeben ist, droht ggf. Exklusion (vgl. Luhmann 1997, Bd. 2, S. 844). Die Inklusion ist sozusagen die Ja-Version und Exklusion die Nein-Version, wo die Person nicht oder nicht mehr systemrelevant ist. Inklusion unterscheidet sich nach Luhmann von Integration insofern, als Inklusion mit mehr Freiheitsgraden verbunden ist, weil Personen qua Rollen inkludiert sind. Bei der Integration ist der Anpassungsdruck höher, weil hier sozio-kulturelle Vorgaben gegeben sind, beispielsweise im Bereich Migration (vgl. Luhmann 1997, Bd. 2, S. 631).

Mit diesem Konzept lassen sich entsprechende Exklusionsdynamiken beschreiben: Ist man im Funktionssystem Wirtschaft exkludiert, hat dies Konsequenzen auch für die Stellung und Chancen in anderen Funktionssystemen. Ein großer Teil der Weltbevölkerung ist diesem Drama ausgesetzt. Luhmann beschreibt dieses Problem am Beispiel der Favelas in Südamerika (vgl. Luhmann 1995a, S. 147).

In der modernen Gesellschaft ist die Person nur in einem Ausschnitt von Teilsystemen inkludiert. Inklusion wiederum ist Voraussetzung für Stabilität und Sicherheit. Als Personen sind wir in einem Mix inkludiert, mit verschiedenen Anforderungen und Rollen, was mehr oder weniger interessant, herausfordernd, befremdlich und manchmal schwer unter einen Hut zu bringen ist. Als Personen sind wir gefordert, diese Vielfalt der Anforderungen in uns zu synthetisieren und eine innere und äußere Stimmigkeit zu entwickeln. Wir sind sozusagen auf uns selbst zurückgeworfen (vgl. Luhmann 1980, S. 219).

3.3 Methodologie

Die Aussage Luhmanns, dass Systeme real existieren, macht sie empirischen Analysen zugänglich.

Aussagen zur Methodologie und Methodik macht Luhmann in seinem Buch „Soziale Systeme“ (1984, S. 83 ff.). Wissenschaft bezeichnet er als ein Beobachtungssystem, das andere Systeme beobachtet, und zwar so, dass es mehr beobachten kann als das Objektsystem selbst. Das beobachtete System wird „mit einem für es selbst nicht möglichen Verfahren der Reproduktion und Steigerung der Komplexität überzogen.“ (Luhmann 1984, S. 88). Dies wiederum gelingt durch begriffliche Abstraktionen, die dem Objektsystem nicht zugänglich sind, und durch die Beobachtung zweiter Ordnung. Erkenntnis setzt demzufolge ein Beobachtungssystem voraus. Die systemtheoretische Wissenschaft benutzt dazu die Methode der funktionalen Analyse als „eine Art Theorietechnik“. Sie geht einher mit den Begriffen Komplexität, Kontingenz und Selektion. Der Untersuchungsgegenstand, ein Problem oder ein Ereignis, ist komplex und kann so oder anders betrachtet werden (Luhmann 1984, S. 83 f.). So ist immer auch von anderen Möglichkeiten auszugehen. Weder gibt es die eine Lösung noch die eine Sichtweise. Auch wenn in Bezug auf Problemursachen Kausalitäten aufscheinen, geht die funktionale Methode darüber hinaus. Sie hypostasiert Kausalitäten und öffnet die Blickrichtung für andere mögliche Problemzusammenhänge. Und wenn es, so Luhmann, der funktionalen Analyse gelingt, trotz großer Heterogenität und Verschiedenartigkeit der Erscheinungen Zusammenhänge aufzuzeigen, kann dies als Indikator für Wahrheit gelten, auch wenn die Zusammenhänge nur für den Beobachter einsichtig sind (vgl. Luhmann 1984, S. 91). Die funktionale Analyse ist nach Luhmann nicht nur Methode, sondern hat den Anspruch, Theorie der Erkenntnis zu sein (vgl. Luhmann 1984, S. 90) – eine Theorie, die sich dem konstruktivistischen Paradigma zuordnen lässt. Worauf richtet die funktionale Analyse nun ihren Blick?

- Sie ist darauf gerichtet, Komplexität zu erweitern, also mehr in den Blick zu nehmen;
- Sie steht im Wissen um Kontingenz, also Unbestimmtheit;
- Sie operiert grundsätzlich in einer System-Umwelt-Differenz. Damit einher gehen Begriffe wie Autopoiesis und strukturelle Kopplung;
- Sie bindet Systemfunktionen ein, aus denen heraus Systeme, die untersucht werden, operieren. Ankerpunkt sind hier die Steuerungsmedien, also beispielsweise die Wahrnehmung des Problems aus der Sicht der Wirtschaft mit dem Steuerungsmedium Geld;
- Sie nimmt die Ausdifferenzierung von Systemen zur Lösung von Problemen im Kontext ihrer Funktion in den Blick (vgl. Luhmann 1984, S. 84);
- Sie nimmt das Problem der Systemstabilität in den Blick und die damit einhergehenden selbstreferentiellen Leistungen des Systems, also die Fähigkeit, sich selbst in Differenz zur Umwelt zu beobachten und zu beschreiben.

Für die Wissenschaftstheorie bedeutsam sieht Luhmann das Konzept der Selbstreferenz, worunter das Wissenschaftssystem und die eigene Forschung fallen. Selbstreferenz kennzeichnet Selbstbeobachtung und Selbstreflexion, inklusive möglicher blinder Flecken. Das bedeutet, dass auf absolute Aussagen verzichtet werden muss (vgl. Luhmann 1984, S. 656). Auch lassen sich, so Luhmann, Systeme von außen nicht beobachten, sondern lediglich erschließen. „Kein System kann ein anderes analytisch dekomponieren, um auf Letztelemente (Substanzen) zu kommen, an denen die Erkenntnis letzten Halt und sichere Übereinstimmung mit ihrem Objekt finden kann“ (Luhmann 1984, S. 61).

Begriffe Systemtheorie

Die Grafik zeigt einen Überblick über die wesentlichen Begriffe des Theoriekonzepts von Niklas Luhmann. Deren Bedeutung sollten Sie an dieser Stelle erfasst haben.

3.4 Kritische Reflexion und erweiterte Sichtweisen

Luhmann erwirkte mit seiner Theorie viel Würdigung und ebenso viel Kritik (vgl. z. B. Baecker et al. 1987; Haferkamp/Schmid 1987; Krawietz/Welker 1992). Gewürdigt wird u. a. die Metatheorie mit ihrem hohen Abstraktionsgrad, durch die es gelinge, moderne Gesellschaft nicht nur auf allen Systemebenen in ihren Strukturen und Funktionsweisen zu erfassen, sondern auch die Probleme, die sich durch funktionale Differenzierung ergeben.

Die kritischen Stimmen bewegen sich grob auf zwei Ebenen: Zum einen wird auf theorieimmanente Schwächen aufmerksam gemacht, etwa theoretische Brüche und unklare Begrifflichkeiten. Zum anderen wird die Theorie, gemessen an gesellschaftlichen Befindlichkeiten und Denkrichtungen, kritisch reflektiert. Aus der handlungswissenschaftlichen Denkrichtung kritisiert beispielsweise Haferkamp (1987) die Bedeutung von sozialen Handlungen von Subjekten als unterbelichtet, weil gerade soziale Handlungen in der modernen Gesellschaft von Bedeutung seien, z. B. durch soziale Bewegungen.

In der Tat könnte die soziologische Systemtheorie bei allem Komplexitätsanspruch zum Containerdenken verleiten, vor allem dort, wo der Eindruck entsteht, die Subjekte seien Knechte des Systems, funktionierten nach Systemlogiken und seien immer wieder gezwungen, sich an die inneren Modi und Logiken der Systeme anzupassen. Die Systemtheorie in einer bestimmten Lesart könnte also den Eindruck vermitteln, dass Subjekte kaum Entscheidungsfreiheit haben und letztlich keine Gegenmacht darstellen. Luhmann bekräftigt diesen Eindruck mit seiner lapidaren Aussage: „Alles könnte anders sein – und fast nichts kann ich ändern“ (Luhmann 1971, S. 44). Die Wechselwirkung zwischen Subjekt und System, der Einfluss etwa von Bewusstseinssystemen als Masse von Konsumenten, Wähler etc. auf Systeme, bleibt in Luhmanns Ansatz theoretisch unterbelichtet.

Prominente Kritik erfuhr Niklas Luhmann von Jürgen Habermas, Vertreter der kritischen Gesellschaftstheorie. Luhmanns Theorie, so der Vorwurf, diene als Rechtfertigung für die Probleme, welche die moderne kapitalistische Gesellschaft produziert (vgl. Habermas/Luhmann 1971; Maciejewski 1973). Grundlegende Kritik erfuhr Luhmann wegen seiner theoretischen Entscheidung, den Menschen nicht als Teil des Systems, sondern als dessen Umwelt zu konstruieren, und dass Systeme nicht aus Menschen, sondern aus Kommunikation bestehen. Luhmann zog sich hier den Vorwurf der Entmenschlichung seiner Theorie und des Antihumanismus zu (vgl. Schöfthaler 1985).

Es liegt an der Struktur von Makrotheorien, so wie Luhmann eine solche vorlegt, dass sie die Feinstruktur der Mikroprozesse, also etwa das Zusammenspiel ‚Person – System', den Einfluss der Subjekte auf Systemwandel, also die Handlungsdimension eher unterbeleuchten. Umgekehrt mangelt es Handlungstheorien und interaktionstheoretischen Konzepten an deren Einbettung in umfassende Gesellschaftheorien. Letzteres wurde teilweise Talcott Parsons vorgeworfen, wenngleich er versuchte, Mikro- und Makrostruktur zu verbinden.

Wie auch immer: Die Systemtheorie stellt ein komplexes theoretisches Werkzeug dar, die moderne Gesellschaft mit Hilfe der System-Umwelt-Differenz zu erfassen, Funktionen, Strukturen und Prozesse zu beobachten, wie auch ihre Herausforderungen zu reflektieren. Die Frage, inwieweit die Systemtheorie mit ihren Begriffen und Aussagen die aktuellen gesellschaftlichen Entwicklungen beschreiben und erklären kann, soll im nächsten Kapitel reflektiert werden.

3.4.1 Was kann die Systemtheorie zur Vernetzung der Gesellschaft sagen?

Die soziologische Systemtheorie wurde im 20. Jahrhundert entwickelt, um die moderne Gesellschaft in ihren Strukturen und Funktionsmechanismen zu beobachten. Beobachtet werden Systeme in Differenz zu ihrer Umwelt. Die Frage, die sich nun stellt, ist, ob die theoretische Beobachtungsfolie der Systemtheorie auch für das 21. Jahrhundert ihre Aussagekraft behält.

Was wir nämlich seit den 1980er Jahren beobachten können, ist eine zunehmende Vernetzung von Gesellschaft und Welt. Strukturell haben wir es mit einem hervorstechenden Phänomen zu tun.

Den Begriff der Netzwerkgesellschaft verdanken wir insbesondere Manuel Castells (2003) und dessen Werk: *Das Informationszeitalter I. Der Aufstieg der Netzwerkgesellschaft.* Die herrschenden Funktionen und Prozesse im Informationszeitalter, so der Autor, werden neben Systemen zunehmend in Netzwerken organisiert. Netzwerke bilden die neue soziale Morphologie unserer Gesellschaft (vgl. Castells 2003, S. 527). Netzwerke und ihre Ströme stellen neue Machtaggregate dar. Ein Netzwerk „besteht aus mehreren untereinander verbundenen Knoten." (Castells 2003, S. 528). Zu beobachten sind Politiknetzwerke, Netzwerke der Wirtschaft, im Wissenschaftsbereich, im Umweltbereich, in der Sozialen Arbeit und in anderen Bereichen. Darüber hinaus gibt es zahllose illegale Netzwerke. Zum Netzwerk eines Drogenrings beispielsweise gehören neben der Mafia auch Geheimlabors, geheime Landebahnen, Dealer und Straßenbanden, Finanzsysteme zur Geldwäsche u. a. An diesem Beispiel wird bereits deutlich, dass die Knotenpunkte direkte und indirekte Verbindungen haben, was typisch für Netzwerke ist. Nicht alle Knoten stehen in einem direkten Kontakt zueinander.

Die Informationstechnologie hat, so Castells, die Vernetzung über Grenzen hinweg ermöglicht und beschleunigt. Netzwerke sind offen, d.h. sie können sich weiter ausdehnen, können immer weitere Knoten entfalten. Vor diesem Hintergrund zeigt sich die globale Welt als hochgradig dynamisch und vernetzt. Castells arbeitet heraus, dass Netzwerke zum kapitalistischen Wirtschaften nicht nur passen, sondern von diesem geradezu befördert werden. Globale Vernetzung im Zusammenspiel mit lokaler Vernetzung, wie sie etwa Metropolregionen zeigen, befördern durch ihre innovative, flexible und dynamische Kraft wiederum die kapitalistische Wirtschaft. Es entsteht eine Art globale Meta-Ordnung mit Märkten und Technologie. Auf politischer Ebene entsteht durch inter- und transnationale Kooperationen, sowie regionale Vereinigungen wie die EU, eine global vernetzte geopolitische Ordnung (vgl. Castells 2003, S. 535; s. a. Messner 1997).

Der Netzwerkbegriff und die Netz-Metapher prägen unseren privaten, beruflichen und zivilgesellschaftlichen Alltag. Viele sind auf virtuellen Netzwerk-Plattformen unterwegs. In nahezu allen beruflichen Bereichen, auch in der Sozialen Arbeit, spielen Netzwerke und Networking eine zunehmende Rolle. Kommunen erwarten die Vernetzung sozialer Dienstleister zur Erbringung spezifischer Leistungen, etwa in Stadtteilen und Quartieren, beispielsweise in der Unterstützung älterer Menschen. Die Kommunen erwarten sich dadurch Synergieeffekte, indem die Dienstleister kooperieren statt konkurrieren, indem sie sachdienliche Absprachen über Leistungen und Angebote vornehmen und damit Über- und Unterangebote von Dienstleistungen verhindern.

Das Funktionssystem Politik ist durch die zunehmende soziale Vernetzung in seinem Steuerungs- und ihrem Problemlösungshandeln herausgefordert. Der Nationalstaat ist in inter- und supranationale Interdependenzen eingebettet, was einen erhöhten Koordinierungs- und Abstimmungsbedarf zur Folge hat. Gleichzeitig bauen Bürger*innen mit Hilfe von Netzwerken politischen Druck auf, um nationale und internationale Entscheidungen zu erwirken, etwa *Friday for Future*. Zivilgesellschaftliche Akteure und Aktionsnetzwerke erweitern durch Vernetzung ihre Partizipations- und Mitspracheansprüche, indem sie beispielsweise in Planungsverfahren im lokalen Bereich eingebunden werden. All das macht den politischen Prozess komplexer. Hinzu kommen die Gegner der Demokratie, rechts- und linksextremistische Gruppierungen und Weltverschwörungsgruppen, die sich jeweils vernetzen und eine Gegenmacht zur Demokratie aufbauen.

Die Weiterentwicklung der Demokratie durch die Einbindung zivilgesellschaftlicher Akteure wird mit dem Begriff *Governance* beschrieben (vgl. Benz 2007). Der Begriff, wenn auch unterschiedlich definiert, verweist in der Regel auf neue Formen der Politikgestaltung durch eine Ausweitung der Akteure und durch kooperativ-dialogische Verhandlungssysteme und damit einhergehend neue Formen der Koordination (vgl. Mayntz 1993; Mayntz/Scharpf 1995). Die noch mit Hilfe der Systemtheorie abgegrenzten politischen Systeme wie Parlament, Parteien und deren wesentliche Aufgabe der politischen Willens- und Entscheidungsbildung sind längst aufgebrochen und zunehmend mit einflussnehmenden zivilgesellschaftlichen Netzwerken konfrontiert, und zwar lokal, regional, national, inter- und transnational und virtuell (vgl. Leif 1998). In Netzwerken vollziehen sich direktdemokratische Verfahren der Beteiligung, etwa Runde Tische, Planungszellen, Mediations- und Diskursverfahren u. a.m. Im Gespräch sind aktuell Formen einer internetgestützten „elektronischen Demokratie" bzw. „digitalen Demokratie" (vgl. Graf/Stern 2018).

Aus dem Gesagten entstehen neue Fragen bezüglich gesellschaftlicher Strukturen, politischer Steuerung und Koordination, struktureller Kopplungen zwischen klassischen Systemen und den neuen sozialen Konfigurationen, die sich nicht so ohne Weiteres in Funktionssysteme einordnen lassen. Ebenso stellen sich Fragen der Transparenz beispielsweise von Entscheidungsprozessen: Wer war wo beteiligt, hat Einfluss genommen? Fragen der Macht und Legitimation ergeben sich bei nicht vorhandenem Wählerauftrag. Gesellschaft, so die These, pluralisiert sich zunehmend und lässt sich nicht mehr zureichend mit dem Theoriekonstrukt funktional differenzierter Systeme beschreiben und erklären. Kennzeichnet sich die funktional differenzierte Gesellschaft durch Systemgrenzen und Konkurrenz, gewinnt durch die Netzwerke ein anderer Modus an Bedeutung: Kooperation und offene Grenzen.

Luhmanns Theorie sagt zu Netzwerken nichts Wesentliches aus. Seine klassische Einteilung der Systeme in Bewusstseinssysteme, Interaktionssysteme, Organisationssysteme und Gesellschaft mit ihren Funktionssystemen hat Luhmann lediglich durch die Beschreibung von Protestbewegungen ergänzt (vgl. Luhmann 1996). Diese umfassen aber keineswegs das Phänomen der gesellschaftlichen Vernetzung, wie es hier skizziert wurde.

Wie lassen sich also Netzwerke beschreiben? Wie funktionieren sie? Lassen sie sich als Systeme beschreiben oder eher als Vermittleragenturen zwischen Systemen? Eines steht fest: Netzwerke funktionieren anders als Systeme!

Angeregt durch die neueren gesellschaftlichen Entwicklungen haben sich Vertreter*innen von Luhmanns Theorie aus einer systemtheoretischen Perspektive mit dem Netzwerkphänomen beschäftigt, etwa Dirk Baecker, Veronika Tacke, Eckard Kämper und Johannes Schmidt. Deren Überlegungen können hier nur skizzenhaft festgehalten werden (vgl. auch Holzer 2006, S. 94 ff.; Fuhse 2014).

Stephan Fuchs (2001) geht davon aus, dass Netzwerke wie Systeme aus Kommunikation bestehen. Zurechnungen (Adressen) für Kommunikation im Netzwerk sind Personen und ebenso wie Systeme haben Netzwerke ihre eigene Autopoiesis. Netzwerke werden damit als Typus in den Systembegriff eingereiht. Kämper und Schmidt (2000) fokussieren darauf, Netzwerke in Zusammenhang mit sich vernetzenden Organisationen zu diskutieren. Stichwort ist hier die strukturelle Kopplung.

Veronika Tacke und Michael Bommes machen deutlich, dass systemtheoretische Ansätze nicht bruchlos an netzwerktheoretische Ansätze anschließbar sind (vgl. Bommes/Tacke 2011, S. 28). In Anlehnung an Peter Fuchs (1997) und Rudolf Stichweh (2000) spricht Veronika Tacke davon, dass sich Netzwerke über Adressen bilden (vgl. Tacke 2011, S. 92). Adressen stellen die Knotenpunkte von Netzwerken dar, sind lokalisierbar und mit anderen Knoten relationiert. Aus den Adressen ergeben sich Potenziale und Leistungen in sachlicher, sozialer und zeitlicher Hinsicht für das Netzwerk. Sie stützen sich auf Reziprozitätserwartungen, also eine Ausbalancierung von Geben und Nehmen (vgl. Tacke 2011, S. 93). Netzwerke seien ubiquitär und umfassten alle Bereiche der Gesellschaft. Sie setzten aber die Strukturen der funktional differenzierten Gesellschaft voraus. Es handle sich bei ihnen nicht um eine primäre Form der Ordnungsbildung wie bei Systemen, sondern um eine sekundäre. Den Unterschied kennzeichne das Individuum, denn dessen Teilhabe im Netzwerk erfolge über sozialstrukturelle Positionen und Bindungen; im System dagegen über die funktionalen Sinnbezüge (vgl. Bommes/Tacke 2011b, S. 28 ff.).

Anders formuliert: Im Zentrum von Netzwerken stehen die Adressen, also Personen und deren Verbindungen auch außerhalb des Netzwerkes. Im Gegensatz dazu stehen in Funktions- und Organisationssystemen Funktionen und Steuerungsmedien im Zentrum, die handlungsleitend sind. In Netzwerken geht es um Potenziale (vgl. Bommes/Tacke 2011b, S. 31). Und diese Potenziale generieren sich über Adressen. Es kommt also darauf an, wer im Netzwerk vertreten ist, welche Eigenschaften, Kompetenzen und welche Polykontexturalität (Eingebundensein in andere Netzwerke, Systeme und Bezüge) Adressen mitbringen und deren Relevanz für das Netzwerk. Potenzial erzeugt das im Netzwerk vorhandene Heterogene, also verschiedene Perspektiven, Wissen, Kompetenzen, Kontakte, Zugänge, Ressourcen, die aufeinander bezogen werden und Synergien entfalten. Aus systemtheoretischer Perspektive räumt Tacke die Schwierigkeit ein, Netzwerke als soziale Systeme zu fassen, denn Netzwerke lassen sich nicht in gleicher Weise auf Formalität gründen wie Organisationen. Aber genau das mache Netzwerke beliebig und zugleich universell. Als sekundäre Systembildungen tauchten sie überall auf, verschwänden und reaktivierten sich wieder. Netzwerke entstünden sowohl innerhalb der Funktionssysteme wie auch quer zu deren Grenzen (vgl. Bommes/Tacke 2011b, S. 46 f.; Tacke 2011, S. 90). Aus einer systemtheoretischen Perspektive bezeichnen Bommes und Tacke Netzwerke als „soziale Systembildung eigenen Typs", die sich durchaus in die Systemtheorie integrieren ließen (vgl. Bommes/Tacke 2011a, Einleitung S. 14). Zu unterscheiden wären die funktionsspezifische Kommunikation in Systemen einerseits und die auf Adressen bezogene Kommunikation in Netzwerken andererseits, die Schnittstellen zur interpersonellen Kommunikation aufwiesen.

Eine weitere Eigenschaft von Netzwerken in Abweichung von Systemen ist, dass sie nicht auf Systemerhalt gerichtet sind. Netzwerke sind von kürzerer oder längerer Dauer, lösen sich auf, wenn sie ihren Zweck erfüllt haben und haben offene Grenzen. Netzwerke sind personenzentriert und dieser Zugang rüttelt gehörig an der systemtheoretischen Konnotation, durch die Personen als Umwelt im Anpassungsdruck der Systeme stehen. Die Systemtheorie stößt hier an Grenzen ihrer Reichweite, wenngleich sich durch das hier Beschriebene durchaus Möglichkeiten andeuten, die Netzwerktheorie und Systemtheorie sinnvoll in Verbindung zu bringen.

Die Netzwerktheorie geht mittlerweile ihren eigenen Erkenntnisweg und wartet mit unterschiedlichen Konzepten auf (vgl. u. a. Holzer 2006; Stegbauer 2008; Weyer 2014). War etwa der im Jahr 2002 erschienen Herausgeberband von Johannes Weyer: *Soziale Netzwerke*, mit etlichen Bielefeldern systemtheoretischen Autoren bestückt, die über Netzwerke reflektierten, wurden diese in der 3. Auflage 2014 schlicht ausgetauscht. Weyer dazu:

> „Mittlerweile hat sich die Netzwerk-Gesellschaft in rasendem Tempo weiterentwickelt; neue Themen wie ‚soziale Netzwerke im Internet', die sich vor zehn Jahren erst am Horizont abzeichneten, haben sich in den Blickpunkt der Aufmerksamkeit geschoben. Aber auch bei den Theorien und Methoden der Netzwerkforschung lassen sich erhebliche Fortschritte konstatieren." (Weyer 2014, Vorwort).

Netzwerke zeigen sich als ein neues Strukturmerkmal spätmoderner Gesellschaften wie insgesamt der globalen Welt. Wir blicken auf eine immer höhere Vernetzungsdichte innerhalb der Funktionssysteme, zwischen ihnen sowie in der Zivilgesellschaft. Befördert wird die Vernetzung durch die technischen Möglichkeiten, durch das Web 2.0 und die Social Media. Wir erleben neue Dynamiken lokaler oder globaler Aufschaukelungen durch Proteste und Bewegungen. Zuvor nie dagewesene Möglichkeiten der Informationsgewinnung und Wissensproduktion sind gegeben, aber auch der Informationsverzerrung, Falschmeldungen und Manipulation.

Wurden bislang die gesellschaftlichen Realitäten in modernen Gesellschaften stark von Politik, Wirtschaft und Massenmedien geprägt, verändert sich diese Dynamik hin zu einem Kräftefeld von Politik, Wirtschaft, Wissenschaft, Massenmedien und Zivilgesellschaft. Akteure der Zivilgesellschaft sind freiwillige Vereinigungen (Vereine, Verbände, Stiftungen, Genossenschaften, GmbHs), Initiativen, NGOs, Nonprofit-Organisationen und soziale Bewegungen. In allen Bereichen beobachten wir einen zunehmenden Vernetzungsgrad.

Luhmanns Aussage, dass wir alles, was wir über unsere Gesellschaft und Welt wüssten, durch die Massenmedien wüssten (vgl. Luhmann 2009, S. 9), relativiert sich in der Netzwerkgesellschaft. So sind die klassischen Medien nicht mehr ausschließlich diejenigen, die Welt zeigen und interpretieren. Auch sie sind gefordert, die Informationen im Netz zu beobachten und auszuwerten. Gerade die Corona-Krise vermag die Neubestimmung des Kräfteverhältnisses zu verdeutlichen, indem die Wissenschaft als Wissensträger für politische und gesellschaftliche Entscheidungen herangezogen wird und zivilgesellschaftliche Netzwerke darauf reagieren. Soziale Netzwerke setzen sich u. a. für Nachhaltigkeit ein, für Umweltschutz, Gerechtigkeit, Demokratie und Solidarität und auch für deren Gegenteil. Politik ist vor diesem Hintergrund zunehmend gefordert, nicht nur repräsentative Entscheidungen zu fällen, sondern Möglichkeiten der zivilgesellschaftlichen Beteiligungen zu sondieren, um brauchbare Lösungen zu generieren und um inneren Frieden zu bewahren. Aus der Perspektive der gesellschaftlichen Evolution ließe sich folgern, dass Netzwerke eine größere Chance für brauchbare Lösungen im Rahmen einer immer komplexer werdenden Gesellschaft bieten. Der Modus ist Kooperation, Perspektivenvielfalt, Teilhabe und Kommunikation auf Augenhöhe. Systemtheoretisch formuliert: Im Netzwerk werden verschiedene Systemlogiken und darüber hinaus gehende Perspektiven zusammengeführt und verarbeitet. Der Schlüssel für die Chance des Gelingens ist Kommunikation, Interaktion und Beziehungen. Der Beziehungsbegriff, der sich auf die Beziehung von Subjekten bezieht, spielt in der Systemtheorie Luhmanns keine Rolle. Boris Holzer nimmt deshalb eine Reformulierung vor, ohne vorschnell das individualistische Moment in die Netzwerke einführen zu wollen:

> „Nicht die Individuen, sondern die *Beziehungen* fungieren als *Elemente* von Netzwerken. Ein Netzwerk besteht aus miteinander verknüpften Beziehungen, nicht aus miteinander verknüpften Menschen.“ (Holzer 2010, S. 113).

Wie auch immer: Die Subjekte und ihre Beziehungsfähigkeit, die Adressen im Netzwerk, sind der Schlüssel, damit ein Netzwerk sein Potenzial entfalten kann. Legt man die Forschungen von Klaus Hurrelmann und Erik Albrecht (2020) zugrunde, die sich „Die Generation Greta“ zum Untersuchungsgegenstand machten, haben wir es bei der Generation Z, also den nach dem Jahr 2000 Geborenen, mit einem Typus zu tun, der mehr zur Netzwerkgesellschaft und weniger zur Systemgesellschaft passt. Sie vertrauen, so die Autoren, den traditionellen Systemen nicht, insbesondere Politik und Wirtschaft, und haben den Eindruck, die Dinge selbst in die Hand nehmen zu müssen. Sie vernetzen sich, gehen auf die Straße, setzen sich für ihre Anliegen ein und versuchen Menschen in ihrem nahen und weiten Umfeld zu überzeugen, zuallererst die Eltern. Die Bewegung *Fridays for Future* ist seit Ende 2018 aktiv. Mit ihren ca. 600 vernetzten Ortsgruppen seien sie, so die Autoren, eine der größten sozialen Bewegungen in Deutschland. Die Funktionssysteme und deren Organisationen nehmen die Bewegung wahr. Das EU-Parlament, das Weltwirtschaftsforum und die Vereinten Nationen luden Greta Thunberg bereits ein, dort zu sprechen.

Den Netzwerkgedanken nimmt auch die moderne Kulturforschung auf. Mit Blick auf Flucht und Migration verweisen sie darauf, dass Herkunftskulturen, nicht als Systemcontainer mit entsprechenden Traditionen, Symbolsystemen, Wert- und Handlungsmustern zu betrachten sind, sondern als plurilokale Netzwerke. Migrant*innen kennzeichnen sich, so der Ausgangspunkt, durch die Zugehörigkeit zu verschiedenen Netzwerken im Herkunftsland wie auch im Aufnahmeland, unterstehen deren Einflusszonen und beeinflussen diese selbst. Daraus bilden sich multiple kulturelle Identitäten, die kulturspezifisch im traditionellen Sinn nicht zureichend zu fassen sind. Freilich sind neben den netzförmigen Identitätskonstruktionen auch Verfestigungen zu beobachten, wenn etwa Migrant*innen aufgrund ihrer biografischen Erfahrungen im Aufnahmeland womöglich stärker an den traditionellen Formen und Werten festhalten und sie mehr oder weniger stereotyp reinszenieren – Formen, die womöglich im Herkunftsland durch dortige Globalisierungsprozesse schon längst aufgebrochen sind (vgl. Kohl 2012, S. 173 ff.).

Innerhalb der theoretischen und empirischen Netzwerkforschung (vgl. Weyer 2014; Stegbauer/Häußling 2010) fällt die Akteur-Netzwerk-Theorie auf. Für den Ansatz stehen Michel Callon, Bruno Latour und John Law, die ihn Mitte der 1980er Jahre entwickelt haben. Die Autoren wollen Soziologie und das Soziale neu denken. Konfigurationen, wie Politik, Ökonomie etc., könnten das Soziale nicht zureichend fassen. So brechen die Autoren mit ihrem Ansatz die Unterscheidung zwischen Gesellschaft, Technik und Natur auf. In den von ihnen vertretenen Netzbegriff werden nicht nur personale Akteure aufgenommen, sondern auch Technik und Natur. Menschen und nichtmenschliche Phänomene werden in Beziehung gebracht, etwa eine Person und ihre virtuelle Ausstattung. So gedacht, besteht eine Seminargruppe nicht nur aus Menschen oder Kommunikation, sondern wird als ein Netzwerk von Menschen, Technik, Raum, Belüftung, Pflanzen usf. betrachtet. Soziale Akteure, Artefakte und natürliche Faktoren sind relationiert, stehen in einem gegenseitigen Beeinflussungshorizont. Alle Faktoren werden als Handlungssubjekte betrachtet. Vor diesem Horizont erfolgen dann die Beobachterperspektiven, die immer nur Momentaufnahmen sein können (vgl. Latour 2010). Es ist der Versuch, mit Hilfe des Netzwerkkonstrukts eine Theorie moderner Wissens- und Technikgesellschaften zu entwerfen, die Weiteres in den Blick nimmt als lediglich soziale Beziehungen und Systeme.

Diese skizzierte Hinführung zum Thema Netzwerke und Netzwerkgesellschaft soll verdeutlichen, dass wir im 21. Jahrhundert aus einer soziologischen Perspektive zwei dominante Strukturen beobachten können: eine Systemstruktur mit Funktionssystemen, so, wie sie Luhmann beschreibt, und eine Netzwerkstruktur, die sich nur bedingt systemtheoretisch beschreiben lässt und gleichzeitig die Systemtheorie braucht, um ihr Zustandekommen zu erklären. Die Deutsche Gesellschaft für Netzwerkforschung (DGNet) wurde 2016 gegründet. Die Theorieentwicklung ist noch nicht so weit, dass eine eigene Erkenntnistheorie vorliegt, aber dies dürfte lediglich eine Frage der Zeit sein.

3.4.2 Eignet sich die Systemtheorie zur Gesellschafts- und Systemkritik und zum kritischen Denken?

Der chinesische Schriftsteller Liu Xiaobo, Friedensnobelpreisträger und prominenter Systemkritiker Chinas, ist der Auffassung, dass ein wesentliches Kennzeichen der westlichen Kultur die Tradition der kritischen Vernunft sei. Die westliche Kultur würde ihr Augenmerk sowohl auf das Schicksal der gesamten Menschheit wie auch auf die Unvollkommenheit der individuellen Existenz richten (vgl. Xiaobo 2011, S. 194). Der Außenblick wirft sozusagen ein Licht auf eine Kernkompetenz westlichen Denkens.

Freilich ist das, was unter kritischer Vernunft zu verstehen ist, nicht eindeutig geklärt. Ebenso nicht die Frage, was genau unter Kritik zu verstehen ist. In der Regel wird damit vor dem Hintergrund der Aufklärung eine emanzipatorische Perspektive verbunden. Der Blick ist auf das Individuum gerichtet und auf seine Entfaltungsmöglichkeiten im Rahmen seines sozialen Eingebundenseins. Ausgangspunkt sind normative Setzungen wie Freiheit, Selbstbestimmung, Gerechtigkeit in Wechselwirkung mit der Gesellschaft und deren Systeme. Denn sie sind potenzielle Gefährder dieser Werte, und zwar auf der Basis asymmetrischer Machtverhältnisse. Konzerne etwa nutzen teils ausbeuterische Arbeitsverhältnisse; schulische Leistungssysteme laufen Gefahr, individuelle Fähigkeiten von Schülern zu verkennen; Politik untergräbt womöglich Minderheiteninteressen usw. Mit Blick auf Wissenschaft, Erkenntnis- und Wissenschaftstheorien stellt sich vor diesem Hintergrund die Frage, inwieweit sie den Anspruch haben sollen, sich in kritischer Absicht in gesellschaftliche Praktiken einzumischen.

Was die Erkenntnis- und Wissenschaftstheorien betrifft, so ist es insbesondere die Kritische Theorie, deren Identitätsmerkmal die kritische Gesellschaftsanalyse darstellt, und die insbesondere die Systemtheorie in ihrer Kritiklosigkeit gegenüber gesellschaftlichen Verhältnisse zu entlarven versucht. Ein Studium der Sozial- oder Kulturwissenschaften ist letztlich nicht gut vorstellbar ohne den Parcour kritischen Denkens. Das intellektuelle und akademische Denken im Westen kennzeichnet sich durch Kritikfähigkeit und nicht lediglich durch Pragmatismus nach dem Motto: Die Dinge sind so, wie sie sind, und man muss das Beste und Nützlichste daraus machen. Im westlichen Bürgertum gibt es eine aufklärerische Tradition und eine erkennbare Neigung zum kritischen Denken.

Vor diesem Hintergrund stellt sich also die Frage, welchen Beitrag die Systemtheorie zu einer kritischen Gesellschafts- und Systemanalyse und zum kritischen Denken leisten kann. Luhmann selbst spricht vom Ende der kritischen Soziologie der bürgerlichen Gesellschaft (vgl. Luhmann 1991d). Jene Kritik gehe, so Luhmann, mit Krisendiagnosen einher; die Wurzel der Probleme in dieser Argumentation sei der korrekturbedürftige Industriekapitalismus, der überlebensnotwendige Werte und Normen missachte, beispielsweise ökologische. Luhmann setzt stattdessen auf eine differenzierte Strukturanalyse moderner Gesellschaft. Diese gehe nämlich weiter als der Krisenbegriff und weiter als Hinweise auf ein falsches Bewusstsein oder falsche Politik.

> „Gleich welcher Herkunft und welcher theoretischen Ausstattung, der ‚kritische Rationalismus', die ‚kritische Theorie' usw. hatten immer Attitüden des Besserwissens angenommen. Sie stellten sich als konkurrierende Beschreiber mit tadelfreien moralischen Impulsen und mit besserem Durchblick vor. Wie immer vorsichtig formuliert und wie immer den Anforderungen an Wissenschaftlichkeit genügend, ihre Perspektive war die eines Weltbeobachters erster Ordnung." (Luhmann 1991d, S. 148).

Der Verblendungszusammenhang der eigenen Interessen, so Luhmanns Vorwurf, verstelle solchen Kritikern die Einsicht in die gesellschaftlichen Verhältnisse. Kritikfrei sei bei ihnen der eigene Ausgangspunkt – deshalb sein Vorwurf der Beobachtung erster Ordnung. Luhmann setzt auf die Beobachtung zweiter Ordnung, die mittels Selbst- und Fremdbeobachtung ermöglicht, die Beobachtung erster Ordnung zu beobachten. Wichtig ist, dass sich der Beobachter beobachten lässt und offenlegt, wie er beobachtet. Wenn das nicht der Fall ist, dann ist das Beobachtete und der Beobachtende identisch: Man sieht, was man sehen will.

Beobachtung zweiter Ordnung setzt zudem eine Verständigung über eine Welt voraus, von der man nicht eindeutig sagen kann, wie diese beschaffen ist. Es braucht also intersubjektive Verständigung und Übereinkünfte. Das Beobachtete ist lediglich Konstrukt und ermöglicht Anschlussbeobachtungen und Anschlusskommunikationen. Und in diesen vollziehen sich dann Übereinkünfte, Durchkreuzungen, Ablehnungen. Auch wenn Luhmann hier den Kritik-Begriff nicht verwendet, können wir dieses Prozedere des sich Verständigens und Aushandelns, des Prüfens, Überlegens, Querdenkens mit dem Begriff der kritischen Selbst- und Fremdreflexion umschreiben.

Wogegen sich Luhmann wendet, ist, eine komplexe und kontingente Gesellschaft mit normativen Erwartungen zu analysieren. Dies muss notwendiger Weise unterkomplex sein und führt zu Verzerrungen. Damit zeigt sich Luhmann als Beobachter in erster Linie nicht als Gesellschaftskritiker. Seine Systemtheorie ist nicht Gesellschaftskritik, sondern ist Kritik an der etablierten Soziologie, deren Erkenntnisse und methodischen Zugangsweisen.

Darüber hinaus lässt sich die Systemtheorie durchaus als Blaupause zur kritischen Strukturdiagnose moderner Gesellschaft nutzen. Hartmut Rosa (2007; 2016) etwa setzt an den Beschleunigungs- und Wachstumsimperativen moderner Gesellschaft an. Die ökonomische Steigerungslogik umfasst alle Funktionssysteme. Das Credo lautet: mehr Leistung, mehr Produktivität, mehr Effizienz, mehr Kostenersparnis, schnellere Produktion und Dienstleistung. Die Gesellschaft der Moderne lässt sich nur noch dynamisch stabilisieren, und zwar durch Wachstum, Beschleunigung und Innovationsverdichtung. Soziale Bereiche etwa sind durchzogen von Kennziffern, Dokumentationsanforderungen und Einsparungsimperativen. Die Probleme liegen auf der Hand: Menschen entfremden und sind überfordert; die natürliche Umwelt kollabiert; Systeme kommen an die Grenzen ihrer Leistungsfähigkeit; das soziale Zusammenleben, lokal und global, nimmt an Spannung zu. Die funktional differenzierte Gesellschaft scheitert zunehmend an der Irrationalität ihrer Eigenlogik. Aus einer evolutiven Perspektive braucht sie veränderte Koordinaten, veränderte Leitlinien und Strukturen, um die Probleme, die sie erzeugt, nicht nur bewältigen zu können, sondern in eine neue Stufe der Qualität in der Ausbalancierung von Mensch – sozialer Ordnung/ Gemeinwohl – Natur und Technik zu kommen.

Auf der Praxisebene lassen sich Systeme, also Interaktionssysteme und Organisationssysteme nach ihrer Funktionsfähigkeit, ihren strukturellen Kopplungen, ihren Zumutungen für psychische Systeme, und ihren sozialen und ökologischen Folgewirkungen kritisch befragen. Inklusionsbedingungen können dahingehend beobachtet werden, inwieweit Zugangschancen z. B. in Schul- und Arbeitssystemen gegeben oder verwehrt sind (vgl. Groddeck 2016) und wie sich die Inklusionsqualitäten zeigen. Die Systemtheorie sensibilisiert für Paradoxien, dass etwa aus Gründen der Funktionsfähigkeit womöglich ökologische Perspektiven nicht zureichend in Betracht gezogen werden. Hierbei geht es nicht um eine Legitimierung dieses Tuns, sondern um das Verstehen funktionaler Differenzierung und deren Folgewirkungen für Mensch, Gesellschaft und Natur.

Durch die Systemtheorie wird das Problem linear-kausaler Steuerungsansätze etwa in der Politik geschärft. Die Effekte von Eingriffen in Systeme in Form chirurgischer Systemeingriffe lassen sich weder antizipieren noch von außen regulieren. Das gut Gemeinte kann sich im Prozess als das Gegenteil herausstellen.

Als Reflexionsfolie für kritische Betrachtungen kann die Systemtheorie auch dort impulsgebend sein, wo es Systemen gelingt, Wirklichkeiten herzustellen, die in eine Art gesellschaftlichen Konsens münden, weil die Dinge anscheinend einsichtig sind. So ein Konsenskonstrukt ist die Auffassung, dass modere Gesellschaften von Bildung und Kompetenzen abhängen, und dass Bildung und Kompetenzen Voraussetzung für ein gutes und selbstbestimmtes Leben seien. Dagegen ist nicht viel einzuwenden. Schwierig wird es aber, wenn Unternehmen auf messbare Kompetenzen setzen und vor diesem Hintergrund ihr Personal rekrutieren. Systeme definieren ihren Kompetenzbedarf und definieren Stellen nach ihren Logiken, Codes und Programmen (vgl. Erpenbeck/Rosenstiel 2017). Trotz eines konsensualen Kompetenzdiskurses bleibt es nicht aus, dass Menschen zu Objekten von Systemen werden. Die Systemtheorie liefert Beschreibungs- und Erklärungswissen und ist durchaus anschlussfähig an Diskurse der Macht und Instrumentalisierung des Menschen, wie sie etwa Michel Foucault und Gilles Deleuze aufgeworfen haben. Die Diskurstheoretiker zeigen auf, wie sich Wirklichkeitskonstrukte nicht nur in gesellschaftlichen Strukturen manifestieren, sondern wie sie auch in personale Akzeptanzen übergehen, indem rigide Benotungssysteme, Assessmentcenter, umfassende Rankings usf. als normal angesehen werden. Foucault (1994) beschreibt mit dem Begriff der „Disziplinierungsmacht“ solche Prozesse der Objektivierung. Das Subjekt wird vergleichbar, einordbar, prüfbar und letztlich aufgespalten in brauchbare und nicht brauchbare Fähigkeiten und Kompetenzen. Diese Einteilung verläuft entlang der „Grammatik der Systeme“, die diese Fähigkeiten und Kompetenzen nach ihren Codes und Programmen verarbeiten (vgl. Weiskopf 2005, S. 295). Die Frage stellt sich, wie und warum sich Subjekte diese Programme aneignen und sich mit den vorgegebenen Kategorien messen lassen. Systemtheoretisch ausgedrückt: wie sich Subjekte Kriterien der Fremdbeobachtung aneignen und die fremden Leitvorgaben mehr oder weniger unkritisch übernehmen und so zum Humankapital von Systemen werden. Richard Sennet hat dies mit dem flexiblen, anpassungsfähigen, offenen, selbstverantwortlichen und anpassungsfähigen Subjekt beschrieben (vgl. Sennett 2000).

Systemmechanismen aufzuzeigen birgt also durchaus emanzipatorisches Potenzial. Es lässt sich aus der Systemtheorie herausfiltern, auch wenn dieses inhärent nicht darauf angelegt ist.

3.5 Zusammenfassender Überblick und Impulse zur Einordnung

In diesem zweiten Kapitel wurde der Bogen zwischen konstruktivistischen Ansätzen und der Systemtheorie gespannt und damit vom menschlichen Erkennen hin zum System. Luhmann integriert den Radikalen Konstruktivismus, indem er dessen Erkenntnisse auf Systeme überträgt. Auch Systeme sind Beobachter und beobachten nach ihren inneren Logiken. Stichworte dazu sind: funktionale Differenzierung, generalisierende Steuerungsmedien, Codes und Programme der Funktionssysteme. In Zentrum von Systemen steht Kommunikation. Nicht Menschen bilden Systeme, sondern diese bilden sich über Kommunikation heraus. Menschen sind Umwelt des Systems und gleichzeitig Träger von Kommunikation. Als Umwelt können sie sich zum System verhalten, stehen aber gleichzeitig in dessen Funktionsanforderung.

Luhmann legt eine Universaltheorie vor, mit dem Anspruch, alles Soziale beschreiben zu können. Dass dieser Anspruch an Grenzen stößt, wurde am Beispiel der gesellschaftlichen Vernetzung aufgezeigt. Lapidar und metaphorisch ließe sich sagen, Luhmann beschreibt auf abstrahiertem Niveau soziale Ego-Systeme, die gewisse autistische Züge zeigen und die mittlerweile so viele Probleme produzieren, dass das menschliche Überleben gefährdet ist. Die Beschreibung der Funktionssysteme wirkt an manchen Stellen pointiert. Nicht alle Wirtschaftssysteme, nicht alle Unternehmen instrumentalisieren ihre Mitarbeiter*innen, sondern kümmern sich um sie. Die Praxis ist viel vielschichtiger als sie die Theorie beschreiben kann. Der Vorteil des Fokussierten ist, dass Wesentliches aufgezeigt wird, was auch die Analyse erleichtert. Vor dem Hintergrund von Luhmanns Erkenntnistheorie lässt sich folgern, dass die funktional-differenzierte Gesellschaft in der Praxis an die Grenze ihrer Leistungsfähigkeit angelangt ist, so dass ihr Selbsterhalt gefährdet ist. Aus Prozessen der Selbstorganisation heraus formieren sich neue netzwerkförmige Strukturen. Netzwerke operieren im Modus der Kooperation und Offenheit und stehen für Potenzialentwicklung durch Perspektivenvielfalt. Aus erkenntnistheoretischer Sicht gibt es einen Bedarf, Luhmanns Universaltheorie durch die Netzwerkperspektive zu erweitern. Die Funktionslogik der Systeme einerseits ist strukturell mit netzwerkförmigen Konfigurationen gekoppelt. In diesen aber sind, im Gegensatz zu Systemen, personale Akteure und deren Beziehungen von Bedeutung. Systeme werden diese Potenziale besser ausschöpfen können, wenn sie der personalen Entfaltung insgesamt mehr Raum geben. Die Frage wird also sein, wie sich Systeme lernend auf Netzwerke einstellen und entsprechende Elemente implementieren.

Was die aufgezeigte strukturelle Entwicklung für die Dynamisierung des sozialen Geschehens bedeutet, lässt sich erahnen. Netzwerke sind offener, flexibel und dynamischer als Systeme, weil sie auf strukturelle Hierarchien, die interne Prozesse verlangsamen, verzichten. Auch Netzwerke werden neben ihren Potenzialen neue Probleme und Dilemmata aufwerfen, etwa mit Blick auf Transparenz und Legitimation von Entscheidungen. Die Frage wird sein, wie es gelingen kann, dass sich in der sozial-strukturellen Weiterentwicklung der spätmodernen Gesellschaft grundlegende humane und ökologische Werte so strukturell verankern lassen, dass sie in der Breite verarbeitet werden, also von Menschen, Systemen und Netzwerken. Das dürfte eine der zentralen Herausforderungen in diesem Jahrhundert sein. Die Systemtheorie als Erkenntnistheorie wird ein wichtiges, wenn auch kein hinreichendes theoretisches Beobachtungsinstrumentarium bleiben, um diese Prozesse und Herausforderungen zu analysieren und zu deuten.

4 Bedeutung des Konstruktivismus und der Systemtheorie für die Wissenschaft der Sozialen Arbeit

In diesem Kapitel geht es um die Bedeutung des Konstruktivismus und der soziologischen Systemtheorie für die Wissenschaft Sozialer Arbeit. Es zielt nicht darauf, Grundsatzdiskussionen zu führen, ob und inwieweit von einer Wissenschaft Sozialer Arbeit überhaupt gesprochen werden kann. Viel ist darüber in den letzten 25 Jahren diskutiert worden (vgl. u. a. Bango 2001; Birgmeier/Mührel 2009; Engelke 2004; Engelke u. a. 2018; Merten u. a. 1996; Mühlum 2004).

Ausgangspunkt dieser Schrift ist folgender: Soziale Arbeit ist als Wissenschaft und Disziplin anerkannt und an den Hochschulen für angewandte Wissenschaften etabliert. Sie verfügt nicht nur über ein breites Theoriespektrum, sondern ist ebenso forschend tätig (vgl. Gahleitner u. a. 2012). Insbesondere Ernst Engelke (1998) ist es zu verdanken, dass er die Vielfalt theoretischer Ansätze zusammengetragen und im Laufe seines Schaffens weiter ergänzt hat (vgl. Engelke u. a. 2018). Die Verwendung des Begriffs *Wissenschaft der Sozialen Arbeit* verweist auf die Integration von Sozialarbeit und Sozialpädagogik, wie sie seit den 1980er Jahren diskutiert wird.

Stets war mit der Professionalisierung Sozialer Arbeit die Forderung einer theoretischen Fundierung verknüpft. Nicht nur das – von Anfang an ging damit eine Perspektiven-Verschränkung einher: der Blick auf hilfebedürftige Menschen einerseits und der Blick auf die gesellschaftlichen Bedingungen andererseits, die sich als problemfördernd, problemverursachend, problementlastend und problemlösend zeigen. Probleme und Problemlösungen werden in der Sozialen Arbeit seit ihren Anfängen im Horizont individueller Ausgangslagen und gesellschaftlicher Bedingungen betrachtet. Darüber hinaus hat Soziale Arbeit einen gesellschaftlichen Auftrag. Sie muss sich zur Gesellschaft verhalten und sich ihr gegenüber positionieren, muss ihren Auftrag kritisch prüfen und den dazu notwendigen Ressourcenbedarf von der öffentlichen Hand einfordern. Die gesellschaftliche Dimension spielt deshalb für die Soziale Arbeit eine eminent wichtige Rolle. So ist es nicht verwunderlich, dass die Doppelperspektive ‚Person – Gesellschaft' bzw. ‚Person – Umwelt' die Theoriebildung der Sozialen Arbeit nachhaltig geprägt hat. Dies ist ein wichtiger Grund, warum die systemtheoretisch-konstruktivistische Perspektive von der Sozialen Arbeit seit den letzten Jahrzehnten verstärkt aufgegriffen wurde.

Bevor wir jedoch die Bedeutung der hier herangezogenen Erkenntnistheorien für die Wissenschaft Sozialer Arbeit herausarbeiten, gilt es vorab zu klären, was unter Wissenschaft der Sozialen Arbeit zu verstehen ist.

4.1 Was ist unter Wissenschaft der Sozialen Arbeit zu verstehen?

Zunächst gilt es zwei Begriffe zu unterscheiden: *Wissenschaft* und *Theoriebildung*. Wissenschaft zielt darauf, auf der Basis methodischer Regeln nachprüfbares Wissen zu produzieren. Das setzt Theoriearbeit und Forschung voraus. Will eine Disziplin als Wissenschaft anerkannt sein, muss sie also Theorien und Forschungsaktivitäten vorweisen. Damit einhergehend braucht sie akademische Plattformen und Fachzeitschriftenorgane, um die wissenschaftlich erforschten und theoretisch entwickelten Ergebnisse zu diskutieren. Die Soziale Arbeit als junge Wissenschaft verfügt grundsätzlich über dieses Setting, etwa durch die Deutsche Gesellschaft für Soziale Arbeit (DGSA) und die Deutsche Gesellschaft für Systemische Soziale Arbeit (dgssa) und durch die diversen Fachzeitschriften.

Theorien stellen begründete Aussagesysteme dar und sind Beobachtungsinstrumente für Ausschnitte der Wirklichkeit. Sie bieten Begriffe und Definitionen, um die ausgewählten Phänomene zu beschreiben, zu verstehen, zu erklären und ggf. zu bewerten. Theorien sind systematisch aufgebaut. Man spricht auch von geordneten Aussagesystemen.

Was die allgemeinen Aufgaben einer Wissenschaft Sozialer Arbeit betrifft, so benennt Björn Kraus diese wie folgt:

- Forschung (darunter Praxisforschung, Evaluation methodischen Handelns);
- Wissenschaftsmoderation, um wissenschaftliche Fragen voranzubringen;
- Weiterentwicklung der Lehre, z. B. die Reflexion der Integration von Bezugswissenschaften;
- Profilentwicklung, insbesondere die Entwicklung eines professionellen Selbstverständnisses;
- Theorieentwicklung und ebenso die
- Aufarbeitung und Einordnung vorhandener Theorien (vgl. Kraus 2012, S. 28 ff.).

Rege diskutiert wird seit Jahrzehnten die Frage, welche Theorien die Soziale Arbeit braucht. Bereits in den 1980er Jahren hat Louis Lowy (1983) gefordert, dass die Soziale Arbeit konzeptioneller Rahmungen bedarf (Conceptual Framework). Gemeint ist die Verknüpfung verschiedener Schulen und Konzepte, um ihrer komplexen Ausrichtung und den Anforderungen an Soziale Arbeit gerecht zu werden. Es wäre eine Überforderung, so Lowy, von einem einzigen Erkenntniskonzept alles ableiten zu können, was man für die Theorie und Praxis Sozialer

Arbeit braucht. Frei übertragen auf den konstruktivistisch-systemtheoretischen Ansatz hieße das: Ein solcher allein kann von vornherein nicht alle Aussageebenen abdecken. Das klingt plausibel.

Jenö Bango (2001, S. 31 f.) hat seinerzeit Prüfkriterien für eine Wissenschaft Sozialer Arbeit benannt. Theorien Sozialer Arbeit brauchen seiner Meinung nach

- Philosophische Prüfkriterien (Seins-Fragen);
- Ideologische Prüfkriterien (christlich-humanistisch, philanthropisch-liberal, marxistisch-neomarxistisch);
- Ethische Prüfkriterien (harmonieorientiert, konfliktorientiert, transaktionistisch, austauschorientiert);
- Soziologische Prüfkriterien (z. B. systemtheoretisch-konstruktivistisch).

Bango setzt also ebenfalls auf einen Mix verschiedener Zugänge und damit einhergehend auf die Notwendigkeit geisteswissenschaftlicher, humanwissenschaftlicher und sozialwissenschaftlicher Kriterien für die Theoriebildung Sozialer Arbeit. Prüfkriterien sind eine Möglichkeit, um die grundlegenden Bestandteile einer Theorie Sozialer Arbeit zu benennen. Deutlich wird bei diesem Vorschlag, dass eine Theorie Sozialer Arbeit nicht lediglich als Erklärungstheorie zu verstehen ist, sondern ebenso einen ethisch-philosophischen Überbau voraussetzt. Bangos Ansatz lässt sich an Lowys Conceptual Framework anschließen. Beide Zugänge plädieren für eine soziologische Perspektive neben anderen wissenschaftlichen Perspektiven.

Die Forderung nach einer mehrdimensionalen Theorieentwicklung in der Sozialen Arbeit lässt sich einreihen unter das große Dach der Postmoderne (Michel Foucault, Jean-François Lyotard, Jacques Derrida, Albrecht Wellmer, Wolfgang Welsch u. a.). Die Postmoderne setzt auf Vielfalt und gleicht einer Collagen- oder Puzzletechnik. Es geht um ein intertextuelles Kombinieren, gleich ob in der Literatur, Architektur oder in der Wissenschaft. Der moderne Roman etwa kann verschiedene Erzählstile haben, in verschiedene Zeiten springen und kann sich sogar auf sachliche Texte beziehen. Postmoderne Architektur vereint verschiedene Stile. Traditionelles wird mit Modernem kombiniert. Die Zeichensprache ist vielfältig (vgl. Welsch 1988).

Es war insbesondere Heiko Kleves (2000; 2007) Anliegen, die Soziale Arbeit für postmodernes Denken zu sensibilisieren und dieses mit einem systemtheoretisch-konstruktivistischen Ansatz zu verknüpfen. So gesehen lässt sich die Theorieproduktion als ein vernetzendes Tun vorstellen, in dem verschiedene theoretische Elemente kunstvoll und stimmig miteinander relationiert werden.

Die Frage, die sich in diesem Zusammenhang stellt, ist, welchen Nutzen Theorien für die Praxis tatsächlich haben sollen. Insbesondere bei den angewandten Wissenschaften gibt es seitens der Praxis die Erwartung, dass Theorien nützlich sein sollen. Aber: Sollen Theorien ausschließlich für die Praxis nutzbar sein? Erfahren Theorien dadurch ihren Sinn, dass sie praxisbezogen verwertbar sind?

Der von Bango aufgefächerte Zuschnitt eröffnet einen breiteren Horizont für die Theorieentwicklung und ist in seinem Anspruch nicht allein praxisbezogen, sondern auch grundlagentheoretisch orientiert. So gesehen zielt eine Theorie Sozialer Arbeit nicht zwingend auf Handeln, sondern kann auch grundlagentheoretisch ausgerichtet sein, indem sie beispielsweise den Gegenstand Sozialer Arbeit reflektiert.

In Bezug auf Theorieentwicklung setzt Silvia Staub-Bernasconi (2007) den Begriff der *Handlungstheorie* ins Zentrum. Eine Handlungstheorie brauche, so die Wissenschaftlerin, Gegenstandswissen, Erklärungswissen, Wertewissen, Verfahrenswissen sowie Funktionswissen (vgl. Staub-Bernasconi 1986, S. 7-9). Auch hier finden wir den Mix verschiedener Ebenen. Und auch für Staub-Bernasconi ist die gesellschaftliche Dimension zentral und eine Voraussetzung, um soziale Probleme überhaupt dimensionieren zu können. Mit ihrem Grundlagenkonzept ist sie praxeologisch auf das professionelle Handeln ausgerichtet.

Das hier Gesagte soll darauf hindeuten, dass es in der Sozialen Arbeit unterschiedliche Auffassungen gibt, was eine Theorie zu leisten habe. Besteht noch eine relative Einigkeit, dass eine Theorie Sozialer Arbeit zu verschiedenen Dimensionen Aussagen machen sollte, wird kritisch diskutiert, inwieweit es also tatsächlich Sinn macht, die Theorieentwicklung in der Sozialen Arbeit nahezu ausschließlich auf eine praktische Anwendungs- und Handlungsorientierung hin zu fokussieren und nicht auch auf die Grundlagenforschung (vgl. Birgmeier 2014). Der Schwerpunkt auf Ersteres, so die Kritik, würde ihre Erkenntnispotenziale von vornherein einschränken. Ähnliches wäre auch in umgekehrter Richtung der Fall: Würde sich die Theoriearbeit lediglich auf grundlegende Fragen fokussieren, etwa die Gegenstandsbestimmung oder die Reflexion über die erkenntnis- und wissenschaftstheoretischen Grundlagen Sozialer Arbeit, wäre das wohl zu einseitig. Eine sozialwissenschaftliche Disziplin, so der Ausgangspunkt dieser Schrift, braucht beides, sowohl Grundlagenforschung wie praxisorientierte Verwendbarkeit. Das Thema dieses Bandes und der ganzen Reihe berührt grundlagentheoretische Fragen, insbesondere, was es für die Wissenschaft Sozialer Arbeit bedeutet, auf spezifische Erkenntnistheorien, deren Begriffe und Aussagesysteme zurückzugreifen. Interessant wäre in diesem Zusammenhang, soweit im Einzelnen noch nicht geschehen, die von Engelke u. a. (2018) zusammengetragenen theoretischen Konzepte Sozialer Arbeit grundsätzlich daraufhin zu prüfen, auf welcher erkenntnistheoretischen Grundlage sie basieren. Handelt es sich bei den ausgewählten Konzepten um Theorien mit erkenntnis- bzw. wissenschaftstheoretischer Fundierung? Werden womöglich auch Praxiskonzepte unter die Theorien gereiht?

Im Folgenden fokussiere ich auf ausgewählte systemtheoretisch-konstruktivistische Aspekte, die sich als impulsgebend für die Wissenschaft Sozialer Arbeit zeigen. Dies ist freilich nur ein Ausschnitt dessen, was möglich wäre zu thematisieren.

Welchen Beitrag kann also die systemtheoretisch-konstruktivistische Erkenntnistheorie in dem hier vorgelegten Zuschnitt für die Wissenschaft der Sozialen Arbeit und damit für Forschung und Theoriebildung leisten?

4.2 Impulse zur gesellschaftlichen Funktionsbestimmung Sozialer Arbeit

Luhmanns Systemtheorie wird in der Sozialen Arbeit seit den 1990er Jahren rezipiert (vgl. u. a. Kleve 2000; Kraus 2002; Merten 2000; Miller 1999). Aus der Perspektive einer funktional differenzierten Gesellschaft stellt sich die Frage, welche gesellschaftliche Funktion die Soziale Arbeit hat? Wie reiht sie sich ein in das Konzert der Funktionssysteme? Verfügt sie über Codes und Programme?

In seinem Spätwerk macht Luhmann mit Blick auf Inklusion und Exklusion eine interessante Aussage: Hinsichtlich Inklusion zählten Menschen, mit Blick auf Exklusion dagegen Körper, weil Kommunikation ihre Bedeutung verliere. Er spricht von Gewalt, Übergriffen und Entzivilisierung, woran etwa Familien zerbrechen. Es seien Nebeneffekte der funktional differenzierten Gesellschaft und: „Man kann nicht erwarten, daß dies Problem innerhalb der einzelnen Funktionssysteme gelöst werden kann", zumal sich das Problem der wechselseitigen Verstärkung von Exklusionen keinem einzelnen Funktionssystem zuordnen lasse. „Deshalb wäre eher damit zu rechnen, daß sich ein neues, sekundäres Funktionssystem bildet, das sich mit Exklusionsfolgen funktionaler Differenzierung befaßt – sei es auf der Ebene der Sozialhilfe, sei es auf der Ebene der Entwicklungshilfe." Damit stimmt Luhmann (1997, S. 632 f.) dem Vorschlag von Dirk Baecker (1994) zu, Soziale Hilfe als Funktionssystem zu definieren.

So gedacht bringt die Soziale Arbeit Leistungen für andere Systeme. Sie bearbeitet Probleme der Exklusion und Mehrfachexklusion, die sich aus anderen Funktionssystemen und deren struktureller Kopplung heraus ergeben. Ihr binärer Code, so Baecker, sei Hilfe/Nicht-Hilfe. Die gesellschaftliche Funktion Sozialer Arbeit sei die stellvertretende Inklusion und spätere Re-Inklusion der Betroffenen in Systeme – beispielsweise eines Alkoholkranken, der seine Arbeit verloren hat. Systeme der Re-Inklusion wären in diesem Fall die Familie, das Arbeitssystem und womöglich auch die Bank, indem er wieder freien Zugang zu seinem Bankkonto erhält. Soziale Arbeit bearbeitet die Folgen der Exklusion, bietet stellvertretende Inklusion, etwa durch eine Unterkunft und materielle Hilfen, therapeutische Hilfe u. a. und zielt darauf, den Betroffenen zu unterstützen, seine Autonomie durch Hilfen zur Reinklusion in geeignete Systeme wiederherzustellen. Das Unterstützungsangebot der Sozialen Arbeit basiert auf das Einbeziehen und die Kooperation unterschiedlicher Systeme.

Der Vorschlag von Dirk Baecker traf und trifft auf Resonanz, auch wenn verschiedentlich Kritik geübt worden ist. Anerkannt wird sein impulsgebender systemtheoretischer Beitrag für die Wissenschaft Sozialer Arbeit, für ihre Identität als Disziplin und Profession sowie für ihre gesellschaftstheoretische Aufgabenbestimmung. Vor diesem Hintergrund entwickelte sich auch der Begriff der ‚diffusen Allzuständigkeit' Sozialer Arbeit für soziale Probleme, die mehr oder weniger kritisch diskutiert wird. Michael Bommes und Albert Scherr griffen den Faden Baeckers auf, ohne dessen Positionen in allem zuzustimmen:

> „Wir begreifen Soziale Arbeit in diesem Zusammenhang als eine Form des verberuflichten Handelns in Organisationen, das auf spezifische und identifizierbare Probleme gesellschaftlicher Reproduktion in modernen, funktional differenzierten Gesellschaften bezogen ist. Soziale Arbeit lässt sich als reflexive Praxis begreifen, die in wohlfahrtstaatlich verfaßten Gesellschaften die Aufgabe der Bearbeitung der durch die ausdifferenzierten Funktionssysteme und durch die wohlfahrtsstaatlichen Absicherungen gegen generalisierte Exklusionsrisiken (wie zum Beispiel Arbeitslosigkeit, Alter, Invalidität, Krankheit) liegengelassenen Exklusions- bzw. Inklusionsprobleme zufällt. Soziale Arbeit ist selbst jedoch (noch?) kein Funktionssystem." (Bommes/Scherr 1996, S. 95).

Beide Autoren verstehen Soziale Arbeit als kommunikative Praxis, operierend mit der Unterscheidung Hilfsbedürftigkeit/Nicht-Hilfsbedürftigkeit (vgl. Bommes/Scherr 1996, S. 97). Soziale Arbeit ziele auf *Inklusionsvermeidung, Inklusionsvermittlung und Exklusionsverwaltung.*

Diese Aussagen sollen an dieser Stelle genügen. Die systemtheoretische Initialzündung in der Sozialen Arbeit sollte deutlich geworden sein. Etliche Autor*innen, neben den bereits genannten, haben die soziologische systemtheoretische Perspektive aufgegriffen und eigene Konzepte vorgelegt, so beispielsweise Hosemann/Geiling (2013), Kleve (2007; 2011), Kraus (2013; 2019), Miller (2001; 2012), Scherr (2002), Wirth (2015). Es ist hier nicht der Ort, um die einzelnen Konzepte näher zu beschreiben. Ein Überblick findet sich an anderer Stelle, etwa bei Helmut Lambers (2018).

4.3 Inklusion/Exklusion systemtheoretisch konnotiert

In der aktuellen Inklusionsdiskussion in der Wissenschaft Sozialer Arbeit werden Anleihen an der Systemtheorie gemacht. Luhmanns Konzept der funktionalen Differenzierung beschreibt nicht nur die arbeitsteilige Leistung der Systeme. Durch ihre Ausdifferenzierung, so der Autor, erfolgt eine spezifische Integration der Gesamtgesellschaft, durch die jede Person grundsätzlich Zugang zu allen Funktionssystemen hat. Nach Luhmann muss jeder

> „rechtsfähig sein, eine Familie gründen können, politische Macht mitausüben oder doch mitkontrollieren können; jeder muß in Schulen erzogen werden, im Bedarfsfalle medizinisch versorgt werden, am Wirtschaftsverkehr teilnehmen können." (Luhmann 1980, S. 31).

Mit dem Begriff des Zugangs zu allen Funktionssystemen verwendet Luhmann den Begriff der Inklusion und beschreibt die Beziehung Individuum-Funktionssysteme. Soziale Systeme verfügen über Modi und Regeln der Inklusion. Individuen brauchen Kompetenzen und Vorleistungen, um diesen gerecht zu werden. Bildungssysteme setzten andere Kompetenzen voraus als Arbeitssysteme, Rechtssysteme oder das politische System. Freilich gibt es Schnittstellen bei den Anforderungen, aber um etwa in eine Hochschule inkludiert zu werden, braucht es Bildungsabschlüsse und ein gewisses Notenspektrum. Damit ein suchtkranker Mensch in einer Beratungsstelle Hilfe bekommt, muss er suchtkrank sein, ansonsten wird er weiterverwiesen. Hier greift dann der Code Hilfe/Nichthilfe. Inklusion ist nach Luhmann die grundsätzliche Ja-Version, also die Zugangsmöglichkeit zum System, Exklusion die Nein-Version, die nicht mehr verhandlungsfähig scheint. Inklusion meint „die Art und Weise, in der im Kommunikationszusammenhang Menschen *bezeichnet*, also für relevant gehalten werden" bzw. „die Art und Weise, in der sie als ‚Personen' behandelt werden." (Luhmann 1995b, S. 241). Systemtheoretisch betrachtet, sind Personen auf die Inklusion in Systeme angewiesen, um sich zu entwickeln und um ihre Existenz zu sichern. Umgekehrt sind Systeme auf Menschen angewiesen, doch Systeme selektieren nach Brauchbarkeit. Das Mittel dazu sind ihre aus ihren Codes und Programmen rekurrierenden Inklusionsmodi, die nichts anderes als Erwartungsanforderungen an die Individuen sind. Hieraus ergeben sich dann entsprechende Probleme von Zugangschancen sowie Chancen und Risiken, im System zu verbleiben.

Die Diskurse in der Sozialen Arbeit beschäftigen sich nachhaltig mit dem Thema Inklusion und orientieren sich mehr oder weniger an Luhmanns Inklusionsbegriff (vgl. u. a. Baecker 1994; Bommes/Scherr 1996; Kronauer 2010a+b; Merten/Scherr 2004; Miller 2012; Stichweh/Windolf 2009). Festgestellt wird, dass Inklusions-/Exklusionsproblematiken nicht allein auf der Funktionssystem-Ebene liegen, sondern insbesondere auf der Organisationssystem-Ebene. Gemeint sind beispielsweise Schul- und Arbeitssysteme. Ebenso liegen Inklusions- und Exklusionsproblematiken auf der interpersonellen Ebene, also in Familien, Paarbeziehungen und Gruppen. So gibt es sinnvolle Vorschläge, den Begriff der Inklusion im Kontext Sozialer Arbeit auf alle Systemebenen zu transponieren (vgl. Kronauer 2010b). Auch gibt es Überlegungen zur Unterscheidung von faktischer und gefühlter Inklusion. Ebenso, dass Soziale Arbeit den Blick nicht lediglich auf Inklusionsvermeidung, Inklusionsvermittlung und stellvertretende Exklusion und Exklusionsverwaltung richten soll (vgl. Bommes/Scherr), sondern auch auf die Verbesserung der Inklusionsbedingungen und -qualitäten achten sollte (vgl. Miller 2012, S. 53 f.).

Die Rezeption des Inklusion-/Exklusion-Konzepts von Luhmann hat in der Sozialen Arbeit gegriffen, sowohl affirmativ wie kritisch. Es ergeben sich aus dem Erklärungswert des Ansatzes nicht nur Anschlussmöglichkeiten zur Ungleichheits-Forschung, sondern auch konzeptionelle Weiterentwicklungen mit Blick auf Teilhabeprobleme. Kritisch nimmt Frank Hillebrand (vgl. 2004) das Luhmann'sche Konzept der funktionalen Einbindung des Subjekts in Systeme unter die Lupe. Denn dieses sähe die Person nur noch in Leistungs- und Publikumsrollen und in ihrer funktionalen Relevanz. Dies schneide den Einzelnen von den Möglichkeiten ab, entsprechend den gesellschaftlich anerkannten Verhaltensmustern, Lebenszielen und Werten zu leben (vgl. Hillebrandt 2004, S. 129 f.). Hillebrand kritisiert in diesem Zusammenhang und mit Verweis auf Silvia Staub-Bernasconi (vgl. 2000) die Machtblindheit des Luhmann'schen Inklusions-/Exklusionskonzepts, weil er Macht lediglich an das Funktionssystem Politik bindet. Das blende die realen Machtgegebenheiten in familiären und anderen Systemen aus (vgl. Hillebrand 2004, S. 134).

Inklusion ist nach Luhmann der Schlüssel für eine integrierte Gesellschaft und gleichsam auch die Achillesferse. Die Kehrseite ist Exklusion. Das Misslingen individueller Lebenskonzepte und Chancen geht damit einher. Luhmann beschreibt Bereiche der Gesellschaft, etwa Slums, die von Organisationen nicht mehr erreichbar sind (vgl. Luhmann 1980).

Das hier Aufgezeigte gibt nur einzelne Anhaltspunkte darüber, wie das systemtheoretisch-konstruktivistische Konzept in der Wissenschaft der Sozialen Arbeit impulsreich aufgegriffen wurde und wird (vgl. z. B. Krieger 2010; Merten 2000; Merten/Scherr 2004). Ebenso wichtig ist die kritische Rezeption des Inklusion-/Exklusionkonzeptes, um auf blinde Flecken und Grenzen der Reichweite aufmerksam zu machen.

4.4 Erfassen von Systemebenen, Systemdynamiken und Kontext

Die Systemtheorie ermöglicht über den Systembegriff auf alle sozialen Systeme zuzugreifen, die für die Soziale Arbeit relevant sind, also Interaktionssysteme, Organisationssysteme und Gesellschaft. Das Grundlagenwissen, was Systeme sind und wie sie in ihrer Differenz zur Umwelt funktionieren, lässt sich auf die verschiedenen Systemebenen und Systemtypen transferieren. Ein Familiensystem entspricht derselben Logik wie ein Organisationssystem, insbesondere mit Blick auf Selbstreferentialität, Systemerhalt, Struktur und Prozess, Komplexität in der Relationierung der Elemente, strukturelle Kopplung. Wenngleich der Typus eines Interaktionssystems sich vom Typus eines formal organisierten Systems unterscheidet, ist das systemtheoretische Grundlagenwissen transferierbar.

Soziale Fragen und Probleme lassen sich im Rahmen der Theoriebildung Sozialer Arbeit mit Hilfe des systemtheoretisch-konstruktivistischen Zugangs in komplexe System-Umwelt-Zusammenhänge einbetten. Damit wird das Transzendieren mono-kausaler Erklärungsmuster und der Blick auf vielschichtige Einflussfaktoren möglich. Die Eigenlogiken der Funktionssysteme, das Operieren nach ihren jeweiligen binären Codes und Programmen und damit einhergehende Konflikte etwa zwischen Hilfe und Geld (Wirtschaft), Hilfe und Macht (Politik) werden geschärft und für die Analyse zugänglich.

Luhmanns Systemtheorie verweist auf die Grundelemente Prozess, Struktur, Sinn, Komplexität und Wandel und die damit einhergehende Bedeutung von Anpassung und Flexibilität, um immer wieder neue Stabilitäten zu erwirken. Diese Momente sind bedeutsam für die Theoriebildung Sozialer Arbeit, um die Komplexität von Dynamiken zu verstehen, wie Systeme in ihrer Eigenlogik reagieren. Soziale Arbeit braucht Theorien, die sie unterstützen, in komplexen, dynamischen, sozialen Gemengelagen zu navigieren. Fallbezogen setzt es die Arbeit mit Familien, Arbeitssystemen, Banken, Behörden, Schulen, medizinischen Systemen und verschiedenen Hilfesystemen voraus. Das Konzept der funktionaldifferenzierten Gesellschaft kann die soziale Gemengelage und deren Herausforderungen beschreiben, in denen sich Soziale Arbeit zu bewähren hat.

Die Begriffe *Komplexität* und *Kontingenz* vermögen die typischen Herausforderungen Sozialer Arbeit zu kennzeichnen. Mit ihrem Anspruch, Komplexität zu erfassen, bietet der systemtheoretisch-konstruktivistische Zugang aufschlussreiche Möglichkeiten, Problemkomplexität im Kontext ‚Person – Umwelt' zu erklären. Das gilt auch für die Soziale Arbeit selbst und ihre gesellschaftliche Lage. Etwa das Problem der zunehmenden Ökonomisierung Sozialer Arbeit zeigt aus einer systemtheoretischen Perspektive, dass ein systemfremdes Steuerungsmedium, hier Geld, das eigentliche Steuerungsmedium Hilfe mehr oder weniger dominiert – mit all den dazugehörigen Folgewirkungen für die Beschäftigten, das Klientel und die Dienstleistungssysteme.

Mit Blick auf die Frage des Erkennens vollziehen die Systemtheorie und der Radikale Konstruktivismus eine Verschiebung des Gegenstandes vom Subjekt hin zum System. Das ist ein wesentlicher Punkt, den es zu begreifen gilt. Pointiert bringt es Peter Fuchs zum Ausdruck, wenn er schreibt:

> „Wir schlagen vor, das *Soziale* an *Sozialer Arbeit* im strengen Sinn zu nehmen. Dieses *Soziale* schließt aus …, daß diese besondere Arbeit sich an Menschen, Subjekten, Individuen, Bewußtsein, Körper vollzieht."

Soziale Arbeit sei mit Blick auf soziale Systeme „kommunikative Arbeit an Kommunikationen" (Fuchs 2000, S. 164).

4.5 Systemtheoretisch forschen

Unter dem Titel „Forschung für Systemiker oder systemisch forschen?“ haben Matthias Ochs und Jochen Schweitzer (2012) einen Herausgeberband veröffentlicht, der systemische Forschungszugänge verschiedener Disziplinen aufzeigt, darunter auch die Soziale Arbeit. Allgemein lässt sich sagen, dass die systemische Forschung zu den jüngeren Forschungsrichtungen gehört, die sich noch in der Entwicklung befinden. Zwar gibt es Wirksamkeitsstudien über systemische Beratungskonzepte (vgl. Roesler 2017), wie auch über systemisch-therapeutische Maßnahmen, aber, um mit Mathias Berg zu sprechen:

> „Insgesamt jedoch ist die Studienlage zur Wirksamkeitsforschung im Feld der Erziehungs- und Familienberatung, wie in anderen Beratungsleistungen der Sozialen Arbeit auch, als dürftig einzuschätzen“ (Berg 2019a, S. 3).

Unter systemischer Forschung soll die Art und Weise verstanden werden, wie geforscht wird. Einen wichtigen Beitrag für das systemisch methodische Vorgehen lieferten seinerzeit Sprenkle und Piercy (2005) im Kontext der Familientherapie. Die DGSF, Deutsche Gesellschaft für Systemische Therapie, Beratung und Familientherapie, bietet virtuell eine Plattform für systemisches Forschen und schreibt jährlich Preise aus.

In der Forschungspraxis sind die etablierten qualitativen und quantitativen Methoden im Rahmen hermeneutischer, phänomenologischer, kritisch-theoretischer und kritisch-rationaler Forschungspraxis nach wie vor führend. Das gilt auch für die Soziale Arbeit. Der Durchbruch für die systemische Forschung bleibt demzufolge ein hoffnungsvolles Ziel.

Schweitzer und Ochs stellen sich die Frage, was das Besondere am systemischen Forschen ist und was sie bietet, was andere Ansätze nicht bieten. Welche Methoden eignen sich, welche nicht? Festzuhalten bleibt, dass es weder allgemeingültige Definitionen darüber gibt, was unter systemischer Forschung zu verstehen ist, noch allgemeingültige methodische Vorgehensweisen. Systemische Forschung ist rekonstruierend. Aufschlussreich ist ein systemischer Forschungszugang insbesondere in komplexen Feldern und sozialen Zusammenhängen, wo es darum geht, komplexe Wechselwirkungen und verschiedene Perspektiven aufeinander zu beziehen. Die verschiedenen Perspektiven wiederum verweisen auf verschiedene Wirklichkeitsbetrachtungen und -auffassungen.

Beforscht werden können u. a. Fragen, wie spezifische Systeme strukturiert sind, wie sie sich stabilisieren, ihre Probleme bearbeiten und ihre Funktion aufrechterhalten, welche Muster sie herausbilden, wie die innere Struktur angelegt sind, welche Austauschbedingungen mit der Umwelt gegeben sind, darunter Ressourcen, Macht, Einflussmöglichkeiten und Abhängigkeiten, wie kommuniziert wird, wie im Rahmen interpersoneller Beziehungen interagiert wird, welche

Deutungsmuster gegeben sind, wie lern- und entwicklungsoffen oder -geschlossen ein System ist, wie es von außen unterstützt werden kann, wie es Umweltanforderungen und Störungen aus der Umwelt verarbeitet, welche Inklusionsbedingungen zu beobachten sind, welche exklusiven Mechanismen gegeben sind, welche internen und externen Vernetzungen gegeben sind, welche Unterstützungsangebote angenommen werden und wie sich deren Wirkungen zeigen.

Systemisch-konstruktivistisches Forschen führt letztlich zu der Frage, was als wahr gelten kann und damit einhergehend, welchen Wahrheitsanspruch Wissenschaft und Theorien der Sozialen Arbeit überhaupt beanspruchen können. Die wissenschaftlich tätige Person operiert autopoietisch geschlossen und kann Realität nicht abbilden. Entlang ihres Erkenntnisinteresses wird sie Forschungsfragen formulieren und ein entsprechendes Forschungssetting entwickeln. Aus der Vielzahl von Möglichkeiten, wird sie ihr eigenes Design herausschälen. Dasselbe gilt für Forschungssysteme, etwa in einem Sonderforschungsbereich oder in einem Kooperationsverbund. Es wird nach brauchbaren Settings gesucht, um die Forschungsfrage zu bearbeiten. Das Forschungs- und Entwicklungsergebnis ist aus dieser Perspektive lediglich ein Konstrukt, wenngleich ein begründetes, das auf Brauchbarkeit/Viabilität, auf Plausibilität und Schlüssigkeit gerichtet ist. Es besteht nicht der Anspruch Realität 1:1 abzubilden. Auch wird mitbedacht, dass das Ergebnis durch ein anderes methodisches Vorgehen oder durch das Einbeziehen anderer Perspektiven anders ausfallen kann. Trotzdem ist das Ergebniskonstrukt nicht beliebig, sondern in einer begründeten systematischen Aussageordnung dargelegt und nachvollziehbar. Als solches unterscheidet es sich vom bloßen Alltagswissen.

Eine systemische Forschung in der Sozialen Arbeit verlangt von der forschenden Person, dass sie sich als Beobachter begreift, die ein erkenntnisleitendes Interesse verfolgt, ein für sie schlüssiges und brauchbares Forschungssetting entwickelt und auch die Ergebnisse vor ihrem subjektiven Hintergrund kritisch beleuchtet. All dies setzt die Fähigkeit der Beobachtung zweiter Ordnung voraus, wie sie Heinz von Foerster formuliert hat. Johannes Herwig-Lempp hat die darauf bezogenen Anforderungen zusammengefasst. Die forschende Person

- reflektiert den eigenen Standpunkt, eigene Interessen und Perspektiven und deren Begrenztheit,
- reflektiert die Kontexte, vor deren Hintergrund sie forscht,
- macht sich durch die sprachliche Ich-Form als Person transparent, und legt eigene Auffassungen, Annahmen und Eigeninteressen offen,
- ist sprachsensibel und vermeidet apodiktische Aussagen.
  (vgl. Herwig-Lempp, https://systemisch-forschen.de/systemisch-forschen/ – Abfrage: 29.07.2020).

Und freilich gehört stets die selbstkritische Frage nach dem blinden Fleck dazu.

Die systemische Forschung richtet ihren Blick auf den Aufbau von Komplexität, in dem Wissen, dass sie notwendigerweise im Rahmen des Forschens Komplexität reduzieren muss. Aufbau und Reduktion von Komplexität gilt es zu thematisieren und zu begründen. Systemisches Forschen hat noch keine eigene ausgewiesene Methodologie, sondern macht Anleihen an bereits bekannten methodischen Verfahren, also an gängigen qualitativen und quantitativen Erhebungs- und Auswertungsmethoden. Tom Levold weist darauf hin, dass in der systemischen Forschung weniger das Methodische im Zentrum steht als die selbstreflexive Haltung der Forschenden (vgl. https://systemisch-forschen.de/systemisch-forschen/ – Abfrage: 29.07.2020).

4.6 Ethische Anschlussfähigkeit

Der systemtheoretisch-konstruktivistische Zugang macht Aussagen, wie Systeme funktionieren und wie Bewusstseinssysteme und soziale Systeme wahrnehmen und erkennen können. Er macht keine ethischen Aussagen, was sein soll. Das berührt freilich die Soziale Arbeit, die auf der Handlungsebene und damit einhergehend auf der Handlungstheorieebene eine normative Orientierung braucht. Die normative Abstinenz systemtheoretisch-konstruktivistischer Zugänge ist nach wie vor Gegenstand der Kritik. Hält man es mit der Frame-Konzeption, wie sie Lowy vorschlug, dann ist die Lösung, die ethische Dimension unabhängig vom systemtheoretisch-konstruktivistischen Zugang einzuführen. Gleichwohl stellt sich aber auch bei einer Frame-Konzeption die Frage, an welche für die Soziale Arbeit grundlegenden Werte sich die im Frame inkludierten Theorien orientieren. Lässt sich ein systemtheoretisch-konstruktivistischer Zugang an humanistische Konzepte anschließen? Oder widerspricht der Zugang regelrecht solchen ethischen Vorgaben? Zunächst zu den Begriffen:

- *Werte* bezeichnen etwas Gültiges, das über das Individuum und dessen Alltagserfahrung hinausreicht. Aus konstruktivistischer Sicht lassen sich Werte als Konstruktionen definieren, resultierend aus menschlichen Erfahrungen, und zwar solchen, die mit einer gelingenden Lebens- und Seinserfahrung verbunden sind. Werte sind sinnstiftend und handlungsleitend. Sie sind Leitbilder für die menschliche Lebensgestaltung und gleichzeitig kultur-, milieu- und schichtspezifisch konstruiert.
- *Ethik* ist die systematische, wissenschaftliche Beschäftigung mit Werten, ihre Genese, die Reflexion verschiedener Ethik-Konzepte wie auch Fragen nach dem Guten Leben, nach Lebenssinn, Gerechtigkeit.

Luhmann weist darauf hin, dass Werte auf der psychologischen Ebene relativ labil sind. Sie würden mal benutzt, mal nicht benutzt, ohne dass man dafür eine

Art psychologische Tiefenstruktur entdecken könnte (vgl. Luhmann 1995b, S. 121). Stabilität erhielten Werte erst durch kommunikative Strukturen, also im Rahmen von Systemen. Übertragen auf die Praxis der Sozialen Arbeit lässt sich daraus folgern, dass es nicht genügt, wenn die Fachkräfte wertorientiert handeln. Wichtig ist vielmehr, dass Werte im Hilfe- und Organisationssystem verankert sind. Dieser Hinweis ist bedeutsam hinsichtlich der Nachhaltigkeit von Werten. Gleichsam bietet aber die Systemtheorie kein Wertewissen an, bietet also keine Orientierung dahingehend, welche Werte für das menschliche und systemische Zusammenleben wichtig sind.

Werten schreibt Luhmann eine Systemfunktionalität zu, die der Logik des Systems und dessen Funktion in Differenz zu seiner Umwelt entspricht. Entsprechen Werte nicht der Eigenlogik von Systemen, werden sie nicht oder nur unzulänglich verarbeitet. Sie müssen also in Passung zur Logik des Systems stehen. Werden Werte im Rahmen von Theorien Sozialer Arbeit definiert, so macht es Sinn, diese in Passung zum Funktionssystem Soziale Arbeit und dessen Funktion Hilfe zu reflektieren, Werte also, die das System verarbeiten kann. Weltfrieden stiften würde das Funktionssystem Soziale Arbeit wohl überfordern, ebenso das Erwirken sozialer Gerechtigkeit in der Gesellschaft. Hier kann sie bestenfalls Teilbeiträge leisten.

Der systemtheoretisch-konstruktivistische Zugang liefert Erklärungswissen, warum in der Systempraxis Sozialer Arbeit womöglich Werte nicht eingelöst werden, obwohl sie als Leitwerte definiert sind. Etwa der Leitwert der „Hilfe für Arme in Not", wie es etwa konfessionelle Anbieter sozialer Dienstleistungen in ihrem Leitbild stehen haben. Die Umsetzung wird dann schwierig, wenn das System über keine hinreichenden Ressourcen verfügt, um diesen Wert einzulösen, weil etwa bestimmte Angebote durch die Kommune nicht refinanziert werden, obwohl sie für von Armut und Not betroffene Menschen dringend nötig wären.

Über den systemtheoretisch-konstruktivistischen Zugang lässt sich also fragen, nach welchen Systemlogiken Werte verarbeitet werden. Wir erhalten Erklärungswissen über entstehende Dilemmata im Umgang der Systeme mit Werten, System- und Umweltanforderungen.

Wie gesagt, eine Orientierung bezüglich einer werthaften Systemgestaltung bekommen wir nicht. Der Grund dafür ist nachvollziehbar. Eine Universaltheorie, wie Luhmann sie vorlegt, muss notwendigerweise abstrakt formuliert sein, so dass sie die unterschiedlichen Funktionssysteme, Systemtypen und Systempraxen mit ihrem Erklärungswissen erfassen kann. Der Blick ist auf Funktion und Selbsterhalt gerichtet.

Deutlich wird durch den Ansatz: Individual- und Sozialethiken finden dort ihre Grenzen, wo gesellschaftlich dominante Funktionssysteme, wie etwa das Wirtschaftssystem, funktionale Werte wie Gewinnorientierung, Leistung und Konkurrenz aufweisen. Diese stehen in Opposition zu Individualität, Autonomie, Gerechtigkeit, Solidarität, Toleranz und ggf. auch zur Würde des Menschen. Die

Systemtheorie legitimiert solche Verwerfungen nicht, sondern erklärt lediglich ihr Zustandekommen aus der System-Umwelt-Differenz heraus. Dort, wo es normative Erwartungen an Systeme gibt, etwa durch die Politik, wenn sie beispielsweise Standards für Leiharbeiter*innen, Saisonarbeiter*innen und deren Unterbringung formuliert und über Regelungen und Gesetze einfordert, erklärt die Systemtheorie, warum diese womöglich nicht eingehalten werden. Die systemtheoretisch-konstruktivistische Perspektive zeigt auf, dass Systeme von außen nicht oder nur bedingt steuerbar sind und etwaige Regelungen und Auflagen nach ihrer Binnenlogik verarbeiten, sie ggf. durchbrechen, ignorieren oder verletzen. Die Systemtheorie liefert ein Erklärungsinstrument bezüglich der Mechanismen, nach welchen Logiken Systeme Werte verarbeiten oder nicht verarbeiten. Zum Problemverstehen ist dieses Wissen wichtig, wenngleich damit keine Lösungen einhergehen. Um Betroffenen zu helfen, bleibt dann womöglich nur die Skandalisierung.

Selbst wenn beim systemtheoretisch-konstruktivistischen Zugang keine Wertorientierung gegeben ist, lässt sich fragen, ob nicht theorieinhärente Werte herauszufiltern sind, die ggf. anschlussfähig sind an moderne, anerkannte Ethiken, die auf Menschenwürde, Freiheit und Gerechtigkeit setzen.

Humberto Maturana hat seinerzeit tatsächlich den Versuch unternommen, eine systemtheoretische Ethik zu begründen. Nicht einen Gegenentwurf zu den klassischen Ethiken wollte er vorlegen, sondern sein Anliegen war es, praktikable Aussagen zu formulieren mit Blick auf *Freiheit, Verantwortung, Liebe und Toleranz* (vgl. Maturana 1994; Maturana/Varela 2018; Miller 1999; eine Zusammenschau und kritische Rezeption siehe bei Exner/Reithmayr 1991). Maturana argumentiert aus praxisbezogenen Plausibilitäten heraus. Systemstabilität, so lautete die Quintessenz, braucht Werte wie Freiheit, Verantwortung, Liebe, Toleranz.

- *Freiheit:* Maturana geht davon aus, dass das Autopoiesis-Konzept den Aspekt der Freiheit einschließt. Ausgangspunkt ist das selbstregulierende Verhalten des Beobachters. Umwelteinflüsse werden in der je eigenen Weise und Form verarbeitet, abgelehnt, verworfen. Zudem sieht Maturana menschliche Freiheit durch die Möglichkeit gegeben, dass Menschen ihr Verhalten beobachten können, dass es also der Selbstreflexion zugänglich ist und daraus neue Schlüsse gezogen werden können. Luhmann hat Maturanas Autopoiesis-Konzept auf soziale Systeme übertragen. Auch Systeme habe aus dieser Sicht die Möglichkeit der Selbstbeobachtung und Selbstorganisation, was anschlussfähig zum Wert der Freiheit ist.
- *Verantwortung:* Menschen bringen, so Maturana, die Welt über ihre Konstrukte hervor. Aber nachdem sie nur über eine Welt verfügen, tragen sie, so Maturana, auch die Verantwortung dafür. Menschen als Bewusstseinssysteme seien für ihre Operationen verantwortlich, weil sie Wahlen und Entscheidungen treffen, und weil sie in ihrem Tun stets Präferenzen setzen. Sachzwänge von außen lässt Maturana an dieser Stelle nicht gelten.

Auch hier ist eine Überleitung an Luhmanns Systemkonzept möglich, da auch soziale Systeme aus ihrer inneren Logik heraus Wahlen treffen, Präferenzen setzen und Wirkungen erzeugen, für die sie sich zu verantworten haben.

- *Liebe:* Systeme brauchen, so Maturana, für ihre Stabilität eine innere Befriedung. Diese umso mehr, je größer und komplexer sie sich zeigen. Liebe bezeichnet die Instanz, die das Zusammenleben sichert (vgl. Exner/Reitmayr 1991, S. 144). Liebe kennzeichne sich durch das Annehmen anderer Personen (vgl. Maturana/Varela 1991, S. 266). Eine Missachtung menschlicher Grundbedürfnisse wirkt so gesehen destabilisierend, gleich ob in Familiensystemen oder in Organisationssystemen.
- *Toleranz:* Toleranz verweist, so Maturana, auf die Beziehung zwischen Systemen. Selbst wenn Systeme Wirklichkeit nicht erkennen können, agieren sie oft so, als könnten sie es. Aus Rechthabereien ergeben sich Konflikte, die sich nur durch Toleranz lösen lassen, durch das Respektieren anderer Wirklichkeiten (vgl. Exner/Reithmayr 1991, S. 147 f.).

Maturana verweist auf eine grundsätzliche Anschlussfähigkeit systemtheoretisch-konstruktivistischen Denkens an humane Werte. Die Begriffe *Freiheit*, *Verantwortung*, *Liebe* und *Toleranz* sind auf eine plausible Verwendung ausgerichtet. Differenzierungen wären wünschenswert, etwa bezüglich der Frage, bis zu welchem Grad Kippeffekte drohen, wenn Systeme die Werte missachten? Wie kann man mit Systemen umgehen, die humane Werte nicht respektieren, etwa ausbeutende Unternehmen oder rechtsradikale Gruppierungen? Wie sind Systeme einzuordnen, die diese Werte missachten und über lange Zeitstrecken trotzdem stabil sind? Fragen bleiben offen, ebenso der Eindruck, dass Maturana funktionale Kategorien mit humanethischen vermengt, ohne dies zureichend zu benennen. Trotzdem zeigen die werteorientierten Reflexionen Maturanas die Anschlussfähigkeit konstruktivistischen Denkens an einen humanen Wertekanon.

Für sozialarbeitsethische Diskurse und theoretische Dimensionierungen lässt sich Folgendes ableiten:

- Respekt gegenüber dem Eigensinn von Bewusstseinssystemen und sozialen Systemen. Dazu gehört auch Respekt vor dem biografischen und historischen Gewordensein;
- die Verantwortlichkeit von Bewusstseinssystemen und sozialen Systeme hinsichtlich der Wirkungen und Folgen ihres Tuns;
- die Bedeutung von Freiheit, Verantwortung, Liebe und Toleranz für die Systemstabilität.

Kritisch wird immer wieder eingewandt, die Systemtheorie ließe ein Menschenbild vermissen, das auf freiheitliche Entwicklung und autonome Entfaltung ausgerichtet sei. Vielmehr würde der Mensch in seiner funktionalen Eingebundenheit in das soziale System gesehen. Was Luhmanns Theorie betrifft, so ist dieser Vorwurf schwerlich von der Hand zu weisen. Trotzdem kann es in Verbindung mit konstruktivistischen Zugängen gelingen, mit Plausibilität normative Ableitungen vorzunehmen, die anschlussfähig an ein humanistisches Menschenbild sind. In den von Maturana genannten Werten fehlen die Menschenwürde und Gerechtigkeit.

Bedeutsam für die ethische Diskussion im Rahmen der wissenschaftlichen Auseinandersetzung um Soziale Arbeit ist darüber hinaus die Frage, ob sich die Theoretiker*innen einer konstruktivistischen-postmodernen Haltung anschließen, die davon ausgeht, dass es nicht eine universelle Moral gibt, sondern unterschiedliche, kulturell gerahmte Moralen, oder ob sie von universellen Werten ausgehen. Aus konstruktivistischer Sicht rekurrieren Werte aus sozialen Konstrukten und sind nicht ontologisch, also unabhängig von Beobachtern gegeben. Was bedeutet dies aber für das Selbstverständnis Sozialer Arbeit, die in einem normativ aufgeladenen Umfeld operiert? Wie kann sie sich ethisch bewähren im – konstruktivistisch betrachtet – Getümmel der Pluralität von Werten? Braucht sie unverrückbare Maßstäbe? Wenn ja, wie lassen sich diese konstruktivistisch legitimieren? Auf jeden Fall müssten sie viabel/brauchbar und ebenso konsensfähig sein. Zurecht weist Björn Kraus diesbezüglich auf eine lauernde Falle hin, denn auch der Nationalsozialismus hat eine konsensuale Moral, besser gesagt Unmoral, hervorgebracht (vgl. Kraus 2018, S. 170).

Das Gesagte verdeutlicht die Bedeutung von Theorien Sozialer Arbeit als Concept Frames, die verschiedene Dimensionen beinhalten, darunter eine ethische. Hierzu gibt es im Rahmen des systemtheoretisch-konstruktivistischen Paradigmas verschiedene Angebote in der Wissenschaft Sozialer Arbeit (vgl. u. a. Kraus 2018; Miller 2012).

4.7 Zusammenfassender Überblick und Impulse zur Einordnung

Der Konstruktivismus und die Systemtheorie sind durchaus impulsgebend für die Wissenschaft Sozialer Arbeit, insbesondere für die Bestimmung der Sozialen Arbeit als Funktionssystem der Gesellschaft, die Gegenstandsbestimmung sowie für die Inklusionsdiskussion. Über die System-Umwelt-Differenz lassen sich komplexe Problemlagen auf verschiedenen Systemebenen analysieren und Systeme in ihren Funktionsweisen erforschen. Theorieentwicklung und Forschung erfolgt in der zweiten Beobachtung und in selbstreferentieller Haltung. Maturana verdeutlich die ethische Anschlussfähigkeit des Konstruktivismus an humane Werte. Eine Theorieentwicklung Sozialer Arbeit braucht aber noch weitere Aussageebenen, um für die Soziale Arbeit brauchbar zu sein.

Deutlich wird die Konsequenz für das sozialarbeitswissenschaftliche Arbeiten, die aus der systemtheoretisch-konstruktivistischen Erkenntnistheorie folgt: Was auch immer theoretisch vorgelegt wird, es sollte einhergehen mit einer gewissen wissenschaftlichen Bescheidenheit. Herangezogene Erkenntnistheorien haben nichts mit endgültiger Wahrheit zu tun. Im Gegenteil, sie sind vorläufig, unfertig, möglicherweise einseitig, bergen blinde Flecken und müssen weiterentwickelt werden. Diese Relativierung findet sich im systemtheoretisch-konstruktivistischen Denken auch dem eigenen Ansatz gegenüber. Alles andere wäre Ideologie. Zum wissenschaftlichen Tun gehört somit ein hohes Maß an Selbstreferentialität und ein kritischer Umgang mit Wissen.

5 Bedeutung des Konstruktivismus und der Systemtheorie für die Handlungskonzepte und -methoden der Sozialen Arbeit als Profession

Dieses Kapitel zielt auf den Theorie-Praxis-Transfer und auf die Frage, welche Bedeutung die herangezogenen Erkenntnistheorien für die Praxis der Sozialen Arbeit, für Handlungskonzepte und für das professionelle Handeln haben.

Theorie und Praxis stehen in einem dichotomen Verhältnis. Aus der Sicht von Niklas Luhmann sind beide zwei voneinander getrennte, funktional autonome Bereiche: hier die Theorie – dort die Praxis (vgl. Luhmann 1993b, S. 322). Beide unterscheiden sich durch je spezifische Codes, Programme, Arbeitsweisen, Routinen und habituelle Dramaturgien. Die Entwicklung einer Theorie folgt anderen Logiken als das praktische Problemlösen. Konsequent gedacht kann Praxis die Theorie nur nach ihren eigenen Funktionslogiken und Ausgangslagen verarbeiten. Das gleiche gilt umgekehrt. Die Wissenschaft passt die Praxis dergestalt an, dass sie in ihre Forschungsprogramme passt und methodisch beforscht werden kann. Das Gesagte macht die Differenz deutlich, aber auch, dass die beiden Pole Theorie und Praxis strukturell gekoppelt sind. Aus der Praxis rekurrieren Fragen für die Forschung und Theorieentwicklung. Praxis wiederum setzt theoriegestützte Analysen und Handlungsansätze voraus, um professionell handeln zu können.

Der Weg von einer Erkenntnis- und Wissenschaftstheorie zur Praxis folgt in der Regel über Texte, also über Teiltheorien und methodische Konzepte, die sich an erkenntnistheoretischen Begriffen und Theoremen orientieren und auf deren Basis problemspezifische und handlungsspezifische Entwürfe und Modelle entwickelt werden können. In der Praxis werden diese dann entsprechend praktischer Ausgangslagen interpretiert, aufgegriffen oder verworfen, ergänzt und umgeformt, so dass sie für die Praxis Sozialer Arbeit brauchbar sind, also in der Arbeit mit Adressat*innen und deren Umfeld, im Bereich Organisation, Quartier und Vernetzung.

Erkenntnistheorien liefern Begriffe und begründete, methodisch abgesicherte Erkenntniszugänge, um Praxis und damit einhergehende Phänomene zu beschreiben, zu erklären und zu reflektieren. Das Scharnier zwischen Theorie und Praxis sind die Professionellen. Sie sind es, die theoriegestützt beobachten, analysieren, deuten, urteilen, entscheiden, kommunizieren und handeln.

Zum systemischen methodischen Handeln in der Praxis Sozialer Arbeit sind unter Einbezug des Konstruktivismus, von Luhmanns Systemtheorie oder Bertalanffys Allgemeiner Systemtheorie etliche Veröffentlichungen erschienen (vgl. stellvertretend Ritscher 2007; Schwing/Fryszer 2018). Von Seiten der Psychologie, Therapie, Familienberatung und Familientherapie kamen zahlreiche Impulse für die systemische Praxis (stellvertretend de Shazer 2019; Imber-Black 2006; Ludewig 1992; Oswald 1988; Pfeifer-Schaupp 1995; Satir 1996; Schlippe von/Schweitzer 1996).

Besonders populär geworden als Werkzeuge für die systemische Gesprächsführung ist die *Wunderfrage* von Steve de Shazer und das *zirkuläre Fragen*. Letzteres fragt nicht direkt, beispielsweise: Warum weinen Sie jetzt?, sondern fragt stattdessen: Was würde Ihre Frau dazu sagen, wenn sie Sie jetzt weinen sähe? Über das Einbeziehen weiterer Perspektiven soll die Problematik erhellt werden. Und indem ein Adressat nicht nur seine Sichtweise äußert, sondern auch nach Reaktionen von Beteiligten befragt wird, lassen sich auch Interaktionsdynamiken und Rückkoppelungsschleifen herausfinden (vgl. u. a. Ritscher 2007, S. 41 ff.).

Die Wunderfrage zielt dagegen auf: Was wäre wenn? De Shazer gibt ein Beispiel: „Angenommen, es würde eines Nachts, während Sie schlafen, ein Wunder geschehen, und Ihr Problem wäre gelöst. Wie würden Sie das merken? Was wäre anders? (…)“ (de Shazer 2019, S. 24). Erhofft werden Andeutungen des Klienten, wie eine Lösung aussehen könnte.

An diesen Beispielen soll aufgezeigt werden, dass spätestens in der systemischen Praxis das Subjekt wieder in den Mittelpunkt rückt. Steve de Shazer markiert einen therapeutischen Zugang und arbeitet methodisch auf der individuellen Ebene. Der Blick ist insbesondere auf belastende Selbstkonstruktionen gerichtet, die es aufzubrechen gilt. Auch in der angewandten Sozialen Arbeit ist der systemische Blick auf das Subjekt gerichtet im Kontext seiner Umwelteingebundenheit. Inwieweit im Rahmen einer individuumszentrierten, therapeutisch-systemischen Hilfepraxis die Individualisierung des Problems wieder durch die Hintertreppe hereinkommt, soll an dieser Stelle lediglich angedeutet werden, ist aber wichtig für eine grundsätzlich kritische Reflexion in der systemischen Hilfearbeit, die maßgeblich auf therapeutische Systemliteratur setzt.

Es geht hier nun nicht darum, in die einzelnen Methoden und Techniken einzusteigen, sondern darum, Wesentliches herauszuarbeiten, wie die systemtheoretisch-konstruktivistische Erkenntnistheorie die Praxis Sozialer Arbeit unterstützen kann und woraufhin sie sensibilisiert. Die Praxis Sozialer Arbeit ist vielschichtig, zum einen durch die vielfältigen Felder und Zielgruppen, zum anderen durch die verschiedenen Systemtypen und -ebenen. Gemeint sind insbesondere die Hilfebeziehung zwischen Helfer*in – Klient*in, Familienarbeit, Gruppenarbeit, Teamarbeit, Quartier- und Netzwerkarbeit, Gremienarbeit und die Arbeit in und mit Organisationen.

Es würde den Rahmen sprengen, dezidiert auf diese Vielschichtigkeit einzugehen. Vielmehr möchte ich Grundlegendes herausarbeiten.

5.1 Systemtheoretisch versus systemisch

Eine gängige Aussage von Praktiker*innen lautet: *Ich arbeite systemisch.* Angedeutet wird damit der Blick auf die Person und deren relevante Umwelt, das vernetzte Problemverstehen, die Beobachtung von Musterbildungen im System und der Anspruch, nicht nur mit Einzelnen, sondern mit deren Systemen zu arbeiten. Die Theorieanleihen können sehr unterschiedlich sein. Manche Praktiker*innen haben Zusatzausbildungen gemacht, andere orientieren sich an der therapeutischen systemischen Arbeit, manche an der systemisch-konstruktivistischen, wie sie hier dargelegt wurde, andere wiederum greifen auf den systemischen Ansatz von Staub-Bernasconi zurück, die weitgehend auf systemtheoretisches Wissen verzichtet.

Der Sprung von der Erkenntnistheorie zur Praxis ist gravierend, so dass ein Begriffswechsel von systemtheoretisch zu systemisch Sinn macht. Kurt Ludewig schreibt:

> „Das systemische Denken (…) bildet eine Synthese, in der alle wichtigen Ansätze der traditionell eher künstlich geschiedenen Natur-, Geistes- und Sozialwissenschaften Platz finden… In dieser ‚neuen Synthese' fungiert der Mensch als Erfinder und Bewahrer seiner geistigen Welten." (Ludewig 1992, S. 58).

Die systemische Praxis, so schließen wir daraus, ist hybrid und integriert ganz verschiedene Denktraditionen und verschiedenes Wissen. Wir hatten diesen Aspekt bereits im letzten Kapitel bei der Frage, welche Konstruktionselemente Theorien Sozialer Arbeit benötigen. Den Begriffswechsel von systemtheoretisch zu systemisch finde ich sinnvoll. Der Vorschlag meinerseits, um mit den Begriffen umzugehen, lautet:

Systemisches Tun bezieht sich auf die Praxis. Es basiert hier auf den Grundlagen des systemtheoretisch-konstruktivistischen Paradigmas, bindet aber mit Blick auf Analyse und Intervention, mit Blick auf Beratung, Erziehung, Gruppen-, Gemeinwesen- und Netzwerk- und Organisationsarbeit weiteres, brauchbares Wissen aus anderen Teiltheorien ein, um die Aufgaben fallspezifisch zu bearbeiten.

Professionelle benötigen Wissen über Kommunikation und Beziehungsgestaltung, Wissen über Machtkonstellationen zwischen Helfenden und Klienten, sie brauchen Fachwissen über Probleme, Problemlagen, deren individuelle und soziale Bedingtheiten, über Hilfemöglichkeiten und Ansatzpunkte. Sie brauchen Wertewissen etwa dahingehend was menschenwürdig, gerecht, vertretbar und zumutbar ist, sie benötigen Wertesensibilität mit Blick auf geschlechter-, alters-, kultur- und milieuspezifische Werte und Wertigkeiten. Sprich: sie brauchen Anschlusstheorien für spezifische Detailfragen und Anforderungen. Aus systemtheoretisch-konstruktivistischer Perspektive lassen sich solche Theorien als Werkzeuge für die Beobachtung zweiter Ordnung einordnen.

Der Begriff ‚systemisch' ist somit hybrid angelegt. Vom griechischen Begriff *hybris* abgeleitet, bedeutet der Begriff Übermut und Anmaßung. Systemisch arbeiten geht sozusagen mit einer Anmaßung einher, weil sie sich nicht mehr werktreu zeigt, indem sie Wissen kreuzt, vermischt, verschachtelt – dies aber unter einer systemtheoretischen Leitperspektive. Diese kommt dann nicht starr daher, sondern beweglich und offen für anderes Wissen, neue Erfahrungen und Situationen. Blieben wir werktreu, dann könnte es passieren, dass wir theoretisch-praktisch autopoietisch geschlossen dächten, dass wir in einem Gedankengebäude gefangen blieben und nur das sähen, was wir streng theoretisch einordnen könnten. Wir steckten in einem Denk- und Wahrnehmungsgefängnis, ohne in der Lage zu sein, uns immer wieder neu zu orientieren, unser Denken und Wahrnehmen in Frage zu stellen, überhaupt: die Dinge aus verschiedenen Blickwinkeln zu sehen. Deswegen ist es wichtig, Raum zu schaffen, für weitere Sichtweisen. Das soll mit den Begriffen *systemisch* und *hybrid* ausgedrückt werden. Gleichwohl ist es wichtig, sich in der systemischen Arbeit der Leittheorie bewusst zu sein, denn es ist beispielsweise ein fundamentaler Unterschied, ob nach der Luhmann'schen Systemtheorie und dem radikalen Konstruktivismus gearbeitet wird, oder nach dem emergentischen Systemismus von Silvia Staub-Bernasconi und Werner Obrecht, die sich erkenntnistheoretisch auf den Physiker Mario Bunge stützen, den Ansatz Luhmanns verwerfen und auf andere Bedeutungshorizonte verweisen.

5.2 Beobachtung zweiter Ordnung

Der systemtheoretisch-konstruktivistische Zugang sensibilisiert die Professionellen für die Beobachtung zweiter Ordnung. Sie lässt sich als ein Schlüssel praktischer professioneller Sozialer Arbeit bezeichnen. Ihre bewusste Anwendung kann helfen, den Überblick zu behalten, professionelle Distanz zu wahren, um nicht in situatives Gerangel verstrickt oder in Probleme hineingezogen zu werden. *Professionelle Distanz* ist seit jeher ein Kernbegriff Sozialer Arbeit. Von einer systemtheoretisch-konstruktivistischen Perspektive her lässt sich dieser Begriff weiter vertiefen. Die Notwendigkeit der Distanzierung bezieht sich nicht nur auf die Beziehung zum Adressaten, sondern ebenso auf das professionelle Selbst, und zwar im Wissen und der Grundannahme der Unmöglichkeit eines direkten Zugangs zur Wirklichkeit. Eigene Richtigkeiten und Hypothesen gilt es in Frage zu stellen. Die Beobachtung zweiter Ordnung zielt auf die kritische Reflexion

- eigener fallbezogener Erklärungs- und Handlungsansätze,
- eigener emotionaler Stimmungen in der helfenden Situation und deren Wirkung,
- der eigenen Wertigkeiten und deren Angemessenheit in der Situation,
- eines ggf. ausgeübten Drucks auf Adressaten, endlich zu handeln, und zwar

dort, wo Entwicklungszeit gebraucht wir (auch das Umgekehrte kann der Fall sein).

Es geht also um die Achtsamkeit im Hier und Jetzt, um das Herausfinden, was in der Hilfesituation dienlich ist und wie man sich selbst dazu einbringt.

Die Beobachtung zweiter Ordnung nach außen ist auf Perspektivenvielfalt gerichtet. Es gilt die Grundanliegen der Beteiligten herauszuarbeiten und Bezüge herzustellen, um gemeinsam brauchbare/viable Wege und Übereinkünfte zu finden. Die Beobachtung zweiter Ordnung setzt neben der Reflexion ein hohes Maß an Kommunikation und Partizipation der Betroffenen und Beteiligten voraus. Ohne deren Perspektiven lässt sich Viabilität im Unterstützungsprozess nicht herstellen. Das systemtheoretisch-konstruktivistische Paradigma verdeutlicht damit einhergehend die Notwendigkeit einer Koproduktion.

Wichtig ist ebenso, die Betroffenen in ihrer zweiten Beobachtung zu unterstützen, sie zum Nachdenken und Reflektieren zu ermutigen, und dass die Dinge auch anders betrachtet werden können.

Die Beobachtung zweiter Ordnung zielt auf die kognitive Kompetenz des Sich-distanzieren-Könnens, der Beobachtungs- und Analysefähigkeit. Das klingt quasi nach einer Subjekt-Objekt-Trennung. Das ist aber von der Theorie her nicht gemeint: Die helfende Person steht in einer Subjekt-Objekt-Verbindung. Angemessener wäre es wohl, von *teilnehmender Beobachtung zweiter Ordnung* zu sprechen, um zu verdeutlichen, dass Helfende als Beobachter Teil des Geschehens sind, dass sie es mitbedingen und nicht lediglich ein Gegenüber von Adressaten, Beteiligten und deren Situationen sind.

Auch stellt sich die Frage, wie Professionelle vorgehen können, um in der zweiten Ordnung zu beobachten. Die Erkenntnistheorien liefern dazu wenig methodisches Werkzeug. Mit dem Begriff des teilnehmenden Beobachters im Sinne der zweiten Ordnung können wir allerdings Anleihen an der Methode der teilnehmenden Beobachtung machen, die ihren Ursprung in der Ethnologie und in der Chicago School der 1920er und 1930er Jahre hat (vgl. Lüders 2015; Lamnek 1995, S. 239 ff.). Die Methode wird insbesondere auch dort eingesetzt, wo es ums Aushandeln von Wirklichkeitskonstruktionen geht. Es handelt sich um eine wissenschaftliche Methode, die sich für die Praxis adaptieren lässt. Ausgangspunkt ist: Der teilnehmende Beobachter ist Beobachter seiner selbst und steht ebenso im Alltag- und Lebensweltbezug der Adressaten. Vor dem Hintergrund systemtheoretisch-konstruktivistischen Denkens gilt es, Folgendes zu beobachten:

- persönliche Problemsichtweisen, Selbst- und Fremdkonstruktionen, Erwartungen, Bedürfnisse, Wertmuster, Verhaltensmuster, Kommunikationsmuster,
- relevante Systeme, wie sie strukturiert sind, welche Unterstützung/Belastung sie darstellen und welche Muster sie zeigen,

- Inklusionsbedingungen, Inklusionsqualitäten wie auch exkludierende Mechanismen,
- die relevanten Systeme und deren Einfluss sowie die Umweltbedingungen,
- wo Macht lokalisiert ist, wie sie zum Tragen kommt, eingedenk der besonderen Machtsituation des/der Professionellen.

Die beobachtende Person ist sich bewusst,
- dass sie selbst während des Beobachtens das Beobachtungsfeld mitbeeinflusst; das betrifft im Besonderen helfende Beziehungen,
- dass sie immer nur einen Teilausschnitt beobachtet,
- dass sie durch ihren subjektiven Filter beobachtet und möglicherweise bestimmte Phänomene mehr oder weniger in den Blick nimmt, dass sie sich von Vorlieben/Abneigungen leiten lässt,
- dass sie durch die professionell herangezogenen Theorien bestimmte Beobachtungskriterien heranzieht und andere ausblendet.

Beobachtungswerkzeuge sind:
- Genaues Zuhören und Wahrnehmen;
- zirkuläres Fragen;
- Nachfragen, das Gehörte in eigenen Worten wiedergeben, um zu überprüfen, ob man den Adressaten richtig verstanden hat;
- Aufspüren blinder Flecken und Fehlerquellen;
- andere Perspektiven einbringen;
- die Deutungen in Dokumentationen und Beobachtungsprotokollen immer wieder neu überprüfen: Ist das so? Bei der Dokumentation auf Originalaussagen achten, also dicht am Original bleiben;
- Falltagebuch in Ich-Form schreiben;
- Beobachtungskategorien im Prozess offenhalten, um der Gefahr von Stereotypen zu entgehen;
- Hypothesen bilden und diese im Prozess immer wieder überprüfen;
- in herausfordernden Situationen, wenn möglich, mehrere Beobachter einsetzen;
- Fallbesprechungen in Zweierteams oder zu Mehreren;
- Supervision;
- insgesamt auf Perspektivenvielfalt achten;
- Metaphern Aufmerksamkeit schenken.

Metaphern verweisen auf einen versteckten Sinngehalt, den es nachzuspüren gilt. Es handelt sich um verhüllte Sprachbilder, die zur Interpretation einladen und die Wege des Verstehens verkürzen können. Von Metaphern aus, so Anil Jain, „lässt man sich treiben, man verfeinert und verdichtet die metaphorische Vorstellung" – durch diese konkretisierenden Momente wächst dann die Anschaulichkeit des (Problem-)Bildes (Jain 2002, S. 54).

Professionelle können im Zuge ihrer Unterstützungsarbeit Ressourcen vermitteln, Impulse geben, beraten, Brücken bauen und vermitteln, irritieren, konfrontieren oder auch Druck ausüben. Letztlich hängt es aber von der Autopoiesis der Betroffenen ab, ob und wie sie darauf reagieren, wie sie kommunizieren und die jeweiligen Interventionen verarbeiten. Hier geht es dann um Passungen und Wirkungen und darauf bezogen um Findungsprozesse. Diese verlangen von den Professionellen, ihre Entscheidungen, Impulse, Plausibilitäten und methodischen Vorgehensweisen immer wieder neu zu überdenken. Dies setzt die Fähigkeit der Beobachtung zweiter Ordnung voraus.

5.3 Intervention

Systemtheoretisch-konstruktivistisches Denken vermeidet mono-kausale Erklärungszusammenhänge etwa nach dem Motto: weil A, deshalb B. Interventionen gleichen einer Art Blackbox, man kann zwar Reaktionen von Klienten oder Systemen antizipieren, ob es so kommt wie angenommen, ist eher unwahrscheinlich. Die operative Geschlossenheit sozialer und psychischer Systeme bedingt systeminterne Operationen, die von außen zwar angestoßen, aber nicht gesteuert werden können. Interventionen stoßen Prozesse bestenfalls an, lassen diese aber nicht kontrollieren. Auch die Fachkraft kann etwas übersehen, nicht verstanden haben, gibt Impulse, die möglicherweise unbeabsichtigte Wirkungen nach sich ziehen. Und auch dort, wo die Fachkraft womöglich die tieferen Punkte eines Falles versteht, sagt dies nichts darüber aus, ob ein Klient bereit ist, sich darauf einzulassen. Chancenreich sind deshalb gemeinsame Suchbewegungen zwischen Helfenden und Betroffenen, die auf kommunikative Anschlusshandlungen, gangbare Entwicklungsprozesse und damit einhergehend passende Lösungen gerichtet sind.

Das Konzept der Selbstreferenz fordert von den Professionellen ihre eigene Ausgangslage, ihr Denken, ihren inneren Kompass, ihr Werte- und Überzeugungssystem zu reflektieren. Wer anderen Menschen helfen möchte, ist gefordert, zunächst seine eigenen Systemeingebundenheiten zu betrachten und sich der eigenen Überlebens-, Anpassungs- und Selbstbestimmungsstrategien bewusst zu werden, um diese nicht blind als Projektions- und Lösungsfolie zu benutzen. Es setzt eine sensible Selbstwahrnehmung voraus, um eigene Vorlieben, Haltungen und Wertprämissen zu erkennen. Schließlich kommt es darauf an, herauszufinden, was dem Anderen wichtig ist, was er aus seiner Sicht will und braucht und im Kontext seiner Umwelt verändern will und kann bzw. welche strukturellen Veränderungen dort wichtig wären.

Das Autopoiesis-Konzept und der Standpunkt, dass wir alle Beobachter sind, kann uns gegen überhöhte Veränderungsansprüche an Personen und Systeme wappnen. Es fordert uns auf, herauszufinden, welche Veränderungsbereitschaft gegeben ist. Das Autopoiesis-Konzept kann uns vor Rettungsphantasien und Aktionismus schützen. Und es kann uns davor schützen, für Andere Ziele zu formulieren und spezifische Veränderungserwartungen zu artikulieren, denen sie, warum auch immer, subjektiv nicht gerecht werden können und wollen, und die womöglich nicht zu ihrer Autopoiesis und Systemeingebundenheit passen. Wichtig ist der Respekt vor dem biografischen Gewordensein des Anderen, Respekt vor den Systemlogiken im Umfeld, ohne es in allen Punkten akzeptieren zu müssen. Das Autopoiesis-Konzept verweist auf die Bedeutung der Mitarbeit der Betroffenen und von relevanten Systemen im Hilfeprozess, ohne die Weiterentwicklung schwer möglich ist. Vielleicht brauchen manche Klienten noch mehr Zeit, noch weitere Erfahrungen oder auch Druck, um ihren Wendepunkt zu erreichen, womöglich brauchen sie passendere Angebote und Hinweise. Systemisches professionelles Handeln setzt eine gewisse Demut und Geduld voraus, bei gleichzeitiger Wachheit, um die kleinen und großen Veränderungen im Prozess wahrzunehmen und um im passenden Moment passende Hilfen anzubieten. Das soll nicht falsch verstanden werden. Dort, wo materielle Hilfe notwendig ist oder Selbst- oder Fremdgefährdung vorliegen, braucht es sofortige Intervention. Das vorher Gesagte betrifft Hilfeprozesse, die bei den Adressaten Bewusstseinsveränderungen voraussetzen, damit sie ihre Lebenssituation so verbessern können, dass es für sie tatsächlich eine Verbesserung ist. Systemisches Handeln nimmt Personen und Systeme in den Blick. Es gilt das Individuelle zu verstehen ohne die Lebenssituation zu individualisieren. Die Person wird in ihrem Systemkontext gesehen. Diesen Systemkontext gilt es zu bearbeiten, indem relevante Akteure und Strukturen erfasst und Ansatzpunkte gesucht werden.

Das Besondere an systemischer Sozialer Arbeit ist es, dass sie immer wieder Komplexität aufbaut, andere Perspektiven einbringt, dass sie eine systemische Kommunikationskompetenz entwickelt, um mit verschiedenen Systemen kommunizieren zu können, und dass sie zwischen den Systemen vermittelt. Sie bewegt sich zwischen Menschen und Strukturen. Dem Aufbau von Komplexität, um die Problemhintergründe zu entfalten, folgt die Reduktion auf das Wesentliche und Machbare.

Zwei Grundprämissen sind es, die die systemische Arbeit nach der systemtheoretisch-konstruktivistischen Erkenntnistheorie prägen:

1. Die Akzeptanz der Tatsache, dass wir Wirklichkeit nicht wirklich erkennen können und stets im Interpretations- und Deutungsmodus sind. Die Professionellen, obwohl sie Problem- und Handlungswissen haben, bleiben Deutende, haben blinde Flecken und können sich irren. Gleichzeitig sind sie Experten, denn ihre Deutungen sind theoriegestützt, begründet und erweitert durch Erfahrung.
2. Der Respekt vor der Autopoiesis von Systemen. Von außen kann nicht gesteuert werden, wie Systeme Impulse verarbeiten, und welche Konsequenzen

sie daraus ziehen. Ein lapidares Abgeben von Verantwortung seitens der Professionellen ist damit keinesfalls gemeint, sondern das Gewahrsein, dass sich Hilfeprozesse eben auch anders gestalten können als erwartet.

Die konstruktivistischen Theorien und die Systemtheorie als Metatheorien sensibilisieren für die Notwendigkeit der kommunikativen Verständigung, der Achtung der Selbstreferentialität und der Autonomie des Gegenübers.

Zusammengefasst motiviert das systemtheoretisch-konstruktivistische Paradigma die professionell Helfenden, für sich folgende Fragen zu beantworten:

- Wie legitimiere ich vor dem Hintergrund meiner begrenzten Wahrnehmungsmöglichkeit und der Tatsache, dass ich durch meinen inneren Filter wahrnehme, meine professionellen Entscheidungen und Interventionen?
- Welche Deutungsroutinen lege ich an? Sehe ich die Ursachen der Problemlagen eher im Subjekt oder eher im sozialen Umfeld? Neige ich zu mono-kausalen Antworten oder achte ich auf Mehrperspektivität und multiple Problemzusammenhänge?
- Wie gehe ich mit meinen eigenen Erfahrungen um? Betrachte ich diese als Wahrheit im Sinne: So ist es, ich habe es so erlebt und erfahren, um daraus womöglich Lösungs-Stereotypen zu bilden? Bin ich erfahrungsoffen? Bin ich fähig, Wissen, Erfahrungen, Routinen, Vermutetes zu dekonstruieren, um neue Erkenntnisse und somit neue Konstruktionen aufzubauen?
- Gehe ich etwa beliebig mit dem systemtheoretisch-konstruktivistischen Ansatz um, nach dem Motto: Die Klienten tun eh was sie tun – ohne mich wirklich in den Prozess der Argumentation, der Verständigung, der Auseinandersetzung, des Aushandelns und des Ringens zu begeben?
- Versuche ich eigene blinde Flecke zu entdecken? Praktiziere ich mit Hilfe der zweiten Beobachtung Selbstbefragung und Supervision? Berücksichtige ich, dass es zu jeder Beobachtung zweiter Ordnung weitere und andere Beobachtungen geben kann?
- Bin ich bereit und in der Lage, dort, wo nicht Gefahr im Verzuge ist, wo nicht Selbst- oder Fremdverletzung droht, zu erlauben, dass Betroffene vor dem Hintergrund ihrer Konstrukte und ihrer Lebensbiografie ihre jeweiligen Erfahrungen machen – Erfahrungen, die aus meiner professionellen Sicht möglicherweise nicht wünschbar sind? Kann ich den Betroffenen ihre Verantwortung für ihr Tun zurückgeben?

Aus konstruktivistischer Sicht lässt sich das Hilfesystem ‚Helfende*r – Betroffene*r' als ein System kennzeichnen, in dem alle Beteiligten Konstruierende sind. So geht es darum, sich gemeinsam über kommunikative Suchbewegungen dem zu nähern, was der Fall ist und der Fall sein könnte, bzw. was nicht der Fall ist. Alle Beteiligten bewegen sich potenziell in der ersten wie auch in der zweiten

Beobachtungsebene. Auch Adressaten beobachten Fachkräfte, deren Reaktionen, um möglicherweise herauszufinden, was diese hören wollen, was ihnen wichtig scheint, um darauf Anschlusshandlungen folgen zu lassen, die ihnen, den Adressaten, nützlich sind. Im günstigen Fall ist es der Fachkraft möglich, zu beobachten, wie Adressaten beobachten, vor welchem inneren und äußeren Hintergrund sie das tun. Dabei gibt es keine richtige oder falsche Sichtweise der Fachkraft, sondern eine begründete, im Wissen, dass Wahrnehmung eine konstruierte ist (vgl. auch Hafen 2004).

Obwohl sowohl Professionelle wie auch Adressaten konstruieren, zeigt sich ihr Beziehungsverhältnis asymmetrisch, einfach deswegen, weil die Fachkraft über mehr Wissen und Einordnungskategorien verfügt. Ihre Beobachtungsmöglichkeiten sind dadurch differenzierter und dies wiederum verleiht ihr eine gewisse Macht durch Wissensvorsprung (vgl. Fuchs 1994). Die durch Expertise generierte Macht gilt es zu teilen, indem die Professionellen ihre Beobachtungen mitteilen und gegenüber den Hilfesuchenden transparent machen. Dadurch lassen sich deren Beobachtungen differenzieren und erweitern, hin zu neuen Möglichkeitshorizonten. Darauf aufbauend gilt es dann gemeinsam nächste Schritte zu überlegen.

Professionelles Handeln setzt voraus, dass Professionelle ihr Tun theoretisch begründen und reflektieren können. Es bleibt der subjektiven Entscheidung der/des Professionellen überlassen, welche Erkenntnistheorien, welche Theorien der Sozialen Arbeit und welche bezugswissenschaftlichen Theorien herangezogen werden. Zu fragen ist allerdings, wodurch die Konzepte sich als brauchbar/viabel erweisen. Wenn sie lediglich die eigenen Erfahrungen bestärken, komfortabel sind im Gefühl, sie verstanden zu haben, und weil sie Teil von Denkroutinen geworden sind, dann wäre es allerdings Zeit für selbstreferentielle Betrachtungen und Beobachtungen zweiter Ordnung.

5.4 Reflexive Parteilichkeit

Soziale Arbeit vor dem Hintergrund eines systemtheoretisch-konstruktivistischen Denkens bettet Probleme und Entwicklungsprozesse in System-Umwelt-Kontexte ein. Es wird in multikausalen Zusammenhängen und Wechselwirkungen gedacht. Das Denken in systemischen und vernetzten Problemzusammenhängen ließ in der systemischen Fachliteratur zwei Begriffe aufkommen: den Begriff der *Allparteilichkeit* (vgl. Stierlin et al. 2002) und den Begriff der *Neutralität* (vgl. Schlippe/Schweitzer 1996, S. 120 f.; Schwing/Fryszer 2018, S. 85 ff.). Wenn es keine monokausalen Problemursachen gibt, wenn Probleme multikausal zusammenhängen, wenn Konstruktionen lediglich subjektive oder systemspezifische Wahrheiten darstellen, dann, so lautet das Credo, ist mit Hilfe von Allparteilichkeit und Neutralität ein Problemverständnis aufzubauen und vor diesem

Hintergrund Hilfe anzubieten. Diese Überlegungen kommen insbesondere aus einem therapeutischen Verständnis. Verhindert werden sollen einseitige Problemsichtweisen und -lösungen, wie auch Verstrickungen aufgrund von Parteilichkeit.

Allparteilichkeit setzt auf die Abkehr von Parteilichkeit hin zur Perspektive *aller* Beteiligten.

Neutralität sieht Unterschiedliches vor: die Neutralität gegenüber Personen, etwa in einer Familie oder Gruppe; ebenso die Neutralität gegenüber Problemen und Symptomen. Neutralität zielt auch auf die Neutralität gegenüber Ideen, Meinungen, Aussagen, Erklärungsversuchen etc. Auch hier bewertet die Fachkraft nicht. So gesehen lässt sich auch die Ergebnisrealität neutral betrachten.

Auf den ersten Blick mögen die Forderungen nach Allparteilich und Neutralität plausibel klingen. Beide Begriffe und die dahintersteckenden Anliegen sind trotzdem eine besondere Herausforderung für die Soziale Arbeit, da es zu ihrer Wurzelidentität gehört, sich für Ausgegrenzte, Benachteiligte und Notleidende einzusetzen. Sie ist Teil ihres Ethos. So stellen beispielsweise Schlippe/Schweitzer eine durchgängige Neutralität in der professionellen Haltung in Frage.

> „Sie taugt nicht für professionelle Situationen, in denen Fürsorge oder soziale Kontrolle angezeigt sind. Es empfiehlt sich vielmehr, sich jeweils bewußt zu sein, in welchem Kontext es als sinnvoll anzusehen ist, Neutralität zu verwirklichen und in welchem nicht." (Schlippe/Schweitzer 1996, S. 120).

Auch aus feministischer Sicht wird Allparteilichkeit und Neutralität in Frage gestellt. Eine neutrale Haltung eigne sich nun mal nicht bei Benachteiligung, Diskriminierung, Randständigkeit, Unterdrückung, Gewalt, Missbrauch (vgl. Schöll 1992). Was also tun? Beide Richtungen – die neutrale wie die parteiliche – haben ihre nachvollziehbaren Begründungen. Mein Vorschlag ist, mit dem Begriff der „reflexiven Parteilichkeit" beide Perspektiven zu integrieren, denn:

> „Situationsspezifisch kann sehr wohl gefordert sein, im Sinne der Parteilichkeit diejenigen Personen vorrangig und mit aller Nachhaltigkeit zu unterstützen, die besonders benachteiligt, bedroht und/oder von akuten Notlagen betroffen sind. Reflexive Parteilichkeit setzt aber gleichzeitig voraus, die Interaktionszusammenhänge nicht aus dem Blick zu verlieren." (Miller 2001, S. 194).

In der systemischen Arbeit braucht es sehr wohl den Blick auf Wert- und Handlungsprioritäten. Nicht alle Konstrukte sind gleichrangig, es gibt Schuldige und Opfer, Menschen, die Schutz brauchen und solche, die sich selbst gut vertreten können. Der Verwirklichung von Menschenrechten stehen funktionale Systemlogiken und Nützlichkeitserwägungen gegenüber, die im schlechtesten Fall ausbeuterisch sind. Durchaus einsichtige funktionale Logiken können trotzdem mit menschlichen Bedürfnissen kollidieren. Hier gilt es nach legitimen Ansprüchen, nach Verantwortung, Zumutung etc. zu fragen. Eine unreflektierte Allparteilichkeit und Neutralität würden einem unverantwortlichen systemischen Relativismus Tür und Tor öffnen.

An dieser Stelle möchte ich auch dafür sensibilisieren, kritisch mit den Begriffen Brauchbarkeit/Viabilität umzugehen. Wie können wir diese Begriffe im Kontext Sozialer Arbeit konstruktiv verwenden? Ist es brauchbar, Arbeitssuchende für Weiterbildungskurse vorzusehen, damit sie zügig ihre Existenz sichern können, und zwar in beruflichen Sparten, die sie womöglich ablehnen? Es kann keinen rechten Sinn ergeben, Brauchbarkeit/Viabilität in der Sozialen Arbeit auf Nützlichkeit zu reduzieren. Die Begriffe brauchen eine ethische Rahmung, einen, wie Jürgen Habermas sagt, legitim anerkannten normativen Kontext. Nützlichkeit steht begrifflich der Zweckrationalität näher als der Vernunft. Systemlogiken sind zweckrational. Es ist zweckrational, dass eine Bank Schuldentilgung einfordert, es ist zweckrational, dass ein Unternehmen Entlassungen durchführt, es ist zweckrational, dass ein Job-Center Arbeitssuchende möglichst schnell in den Arbeitsmarkt einfädeln will usf. Zweckrationalität sagt aber nichts darüber aus, ob sie im Einzelfall human, menschen- und bedürfnisgerecht ist. Viabilität ist ambivalent: Was dem System nützt ist für das Individuum nicht unbedingt brauchbar und umgekehrt.

In seiner Theorie des kommunikativen Handelns entwickelt Jürgen Habermas seine Idee der diskursiven Einlösung von Geltungsansprüchen (vgl. Habermas 1981, S. 25 ff.). Empirische Sachverhalte brauchen, so sein Credo, die Begründung normativer Richtigkeiten. Nachzuweisen ist die Akzeptabilität von Handlungen bzw. Handlungsnormen vor dem Hintergrund gemeinsam anerkannter Normen. Dazu braucht es Verständigungsakte, kommunikatives Handeln zwischen den Beteiligten, die Ehrlichkeit voraussetzen, d.h. der behauptete Sachverhalt muss stimmen und es müssen sich die Beteiligten in ihren Aussagen verstehen können. Es ist also auf die Verständlichkeit von Aussagen zu achten. Der ideale Sprechakt nach Habermas setzt Folgendes voraus:

- Gleiche Chancen aller Beteiligten sich einzubringen;
- gleiche Chancen der Deutungs- und Argumentationsqualität;
- Herrschaftsfreiheit im kommunikativen Handeln;
- keine Täuschungen.

Habermas weiß selbst um die Idealisierung seines Anspruchs, sieht aber diese als Voraussetzung, um überhaupt einen verständigungsorientierten Weg gehen zu können.

Professionelle in der Sozialen Arbeit stehen täglich vor kommunikativen Bewährungsproben: In der Hilfebeziehung, im Team, in Gruppen und Gremien, in Helferkonferenzen, in der eigenen Dienstleistungsorganisation und überhaupt bei der Zusammenarbeit mit Organisationen und im Quartier. In der Regel geht es darum, Interessensvielfalt, verschiedene Sichtweisen und Ansprüche auszubalancieren. Dort, wo Adressaten für ihre Ansprüche und Anliegen nicht eintreten können, handeln die Professionellen stellvertretend für sie. Es geht um Aushandlungsprozesse, die, so ließe sich für die systemische Arbeit formulieren, die Nützlichkeit/Viabilität in eine zweite Ordnung hieven, eine Ordnung, die normativ gerahmt ist. Dadurch bestünde die Chance, einseitige Zweckrationalitäten und Interessen auszubalancieren, Bedürfnissen Raum zu schaffen und dies in einem anerkannten Wertehorizont. Freilich braucht es hierzu die Bereitschaft der Beteiligten.

Methodisch ist in solchen Aushandlungsprozessen ein Dreischritt denkbar, der vom *Komplexitätsaufbau* zur *Reduktion* und schließlich zur *Bündelung* führt.

In einem ersten Schritt bringen die Teilnehmenden ihre Anliegen zu einem Sachverhalt vor.

In einem zweiten Schritt werden diese diskutiert, es erfolgen gegenseitige Bezüge; Ein- und Ausschließungen, Grenzen und Bruchstellen werden deutlich, ebenso Schnittstellen.

Im dritten Schritt wird auf etwas Gemeinsames fokussiert, auf ein gemeinsam erstrebenswertes Ziel hin, das neben einer Sachdimension eine werthafte und legitime Kraft hat. Gemeinsame Nenner werden geschärft, ebenso der Bedarf an spezifischen Anpassungen, es werden Wege sondiert, um ein gemeinsames Ergebnis zu erzielen. Es gilt gegenseitig zu begreifen, was dem jeweils Anderen wichtig ist. Damit erhöht sich die Chance auf einen einigermaßen friedlichen Ausgang der Auseinandersetzung.

Dieser Dreischritt klingt einfach, ist es aber häufig nicht. Der Weg durch die Vielstimmigkeit kann sich als mühsam herausstellen, als mäandernde Annäherungen ohne abschließenden Konsens, keineswegs optimal. Es kann sich auch Wegweisendes ergeben, ein für alle Beteiligten gangbarer Weg.

5.5 Die Kunst, Beziehungen zu gestalten

Eine wichtige Kompetenz in der professionellen Sozialen Arbeit ist es, sich innerhalb verschiedener Funktionssysteme kommunikativ bewegen zu können, also nicht nur in Systemen der Wohlfahrtspflege, sondern auch in der Politik, in der Wirtschaft, in der Wissenschaft, in Schulen, in medizinischen Systemen, in der Kunst, der Religion u. a.

Funktionssysteme und ihre Organisationen haben bezogen auf ihr Steuerungsmedium, ihre Codes und Programme je eigene Kommunikationen und Kommunikationskulturen, beispielsweise was den Umgangsstil betrifft bis hin zu Dresscodes. Die Besonderheit der Systeme kennzeichnet sich über ihre Kommunikation und institutionalisierten Sprechweisen. Hier gibt es jeweilige Routinen wie auch Abweichungen vom typisch Geglaubten, je nach Abteilung, Historie, Diversität und Identität der Systemmitglieder.

Kommunikation ist nicht lediglich Vermittlung von Information, sondern auch deren Interpretation. Sie ist Voraussetzung für Beziehungsgestaltung und Anschlusskommunikationen. Wie bereits kritisch erwähnt, vernachlässigt Luhmann die Bedeutung von Bewusstseinssystemen beim Prozessieren von Kommunikation. Er vernachlässigt deren potenzielle Einfluss- und Gestaltungskraft. Anders sehen dies Berger/Luckmann (2004). Sie betonen die menschliche Fähigkeit hinsichtlich des Aufbaus von Sinnwelten, Institutionalisierungen und symbolischen Ordnungen. Sie gehen von einer intersubjektiv geteilten Alltagswelt aus, die gesellschaftlich vermittelt ist.

Ein Schlüssel für die Beziehungsgestaltung ist, die Logiken, Kommunikations- und Handlungsroutinen der verschiedenen Systeme grundsätzlich zu verstehen und gleichzeitig offen zu sein, wie sich die Systemrepräsentanten tatsächlich zeigen, welche Erwartungshaltungen sie kommunizieren, welches Problemverständnis gegeben ist, wie offen oder geschlossen argumentiert wird, wie auf Andere Bezug genommen wird und von welcher Motivation und welchen Interessen sie getragen sind. Die Praxis zeigt sowohl Systemrepräsentanten, die sich hinter ihrer Rolle verschanzen, als auch solche, die ihre Systemrolle erweitern, um sie mit ihrer Person in Einklang zu bringen. Wertschätzende Kommunikation zielt darauf, den Beteiligten nicht das Gefühl zu geben, funktionalisiert, sondern sie als Person und in ihren Anliegen wahrzunehmen. Auf dieser Grundlage kann dann um einen gemeinsamen Nenner und um Kompromisse gerungen werden. Professionelle gestalten moderierend und brückenbauend Diskursuniversen im professionellen Alltag, die sich mehr oder weniger komplex darstellen und mehr oder weniger konträr in den Positionen der Systemmitglieder. Sie moderieren runde Tische, Helferkonferenzen u. a. m., oder sind einfach fachlich Teilnehmende. Die Herausforderung ist, als Moderierende oder Teilnehmende System- und Netzwerkkulturen mitzugestalten, indem auf gemeinsame Ziele, Regeln, Symboliken und positive Routinen geachtet wird, eine Kultur der Wertschätzung gepflegt wird, wozu gehört, dass andere Perspektiven grundsätzlich als Potenzial, als bereichernd und weiterführend gesehen werden.

Ziehen wir kursorisch verschiedene Gegenstandbestimmungen heran, dann zielt Soziale Arbeit insbesondere auf die Alltags- und Lebensbewältigung, auf Teilhabe und Lebensqualität und auf die Bewältigung sozialer Probleme. Die internationale Definition von Sozialer Arbeit durch die International Federation of Social Workers (IFSW) von 2014 besagt:

> „Soziale Arbeit fördert als praxisorientierte Profession und wissenschaftliche Disziplin gesellschaftliche Veränderungen, soziale Entwicklungen und den sozialen Zusammenhalt sowie die Stärkung der Autonomie und Selbstbestimmung von Menschen. Die Prinzipien sozialer Gerechtigkeit, die Menschenrechte, die gemeinsame Verant-

wortung und die Achtung der Vielfalt bilden die Grundlage der Sozialen Arbeit. Dabei stützt sie sich auf Theorien der Sozialen Arbeit, der Human- und Sozialwissenschaften und auf indigenes Wissen. Soziale Arbeit befähigt und ermutigt Menschen so, dass sie die Herausforderungen des Lebens bewältigen und das Wohlergehen verbessern, dabei bindet sie Strukturen ein. Diese Definition kann auf nationaler und/oder regionaler Ebene weiter ausgeführt werden."
(Fußnoten im Text nicht übernommen) (www.dbsh.de/media/dbsh-www/redaktionell/bilder/Profession/20161114_Dt_Def_Sozialer_Arbeit_FBTS_DBSH_01.pdf – Abfrage: 04.10.2020).

Aus einer systemischen Sichtweise in Rückkopplung an Luhmanns Theoriegebäude setzen diese Ziele und Aufgaben die Kompetenz einer umfassenden Beziehungsgestaltung voraus. Den Begriff der Beziehung – dies habe ich an anderer Stelle ausgeführt (vgl. Miller 2012, S. 49 f. u. S. 64 ff.) – gilt es mehrdimensional anzulegen. Adressaten sind in interpersonale und sozialstrukturelle Beziehungen eingebunden. Um Ressourcen zu erwirken, müssen Professionelle mit verschiedenen Funktionssystemen kommunizieren und kooperieren, ebenso mit Netzwerken im Quartier und darüber hinaus. Beziehungen sind von der personellen, interaktionellen wie auch systemspezifischen Seite her zu betrachten und mitzugestalten. Daraus lässt sich ein Mehrebenenmodell von Beziehungen konfigurieren, in dem sich Professionelle kommunizierend und handelnd bewegen und zu bewähren haben (vgl. Miller 2012, S. 66): Sie benötigen Beziehungskompetenz, und zwar …

- auf der *intrapersonellen Ebene* (das Thematisieren der Selbstkonstruktionen von Adressaten, ihren Gefühlen, ihrem Denken und Tun),
- auf der *interpersonellen Ebene* (interpersonelle Beziehungen deuten und mitgestalten, Brücken bauen, Vermitteln, Aushandeln),
- auf der *kulturellen Ebene* (Kommunizieren und Vermitteln z. B. zwischen Geschlechtern, Generationen und verschiedenen Kulturen),
- auf der *formal organisierten Systemebene* (Kommunizieren vor dem Hintergrund von Systemlogiken, Codes, Steuerungsmedien, Programmen, Rollen),
- auf der *Netzwerkebene* (Kommunizieren auf Augenhöhe trotz unterschiedlicher Systemrepräsentant*innen im Modus der Kooperation),
- auf der *Gesellschafts- und Funktionssystemebene* (das Wissen über diverse Codes, Steuerungsmedien und Programme als Voraussetzung für gelingende Kommunikation),
- auf der *ökologischen Ebene* (das Wissen um Nachhaltigkeit im Umgang mit Ressourcen; nachhaltiges Modellhandeln, z. B. in der Familienhilfe, in der Freizeitpädagogik, im Dienstleistungssystem, u. a.m.),
- auf der *virtuellen Ebene* (virtuelle Kommunikationskompetenz etwa bei Online-Beratungen und im Aufbau virtueller Angebote, Wissen um digitale Suchtgefahren),

- auf der *professionellen Hilfeebene* (kompetente Gestaltung interpersoneller Beziehungen vor dem Hintergrund der Hilfe anbietenden Dienstleistungsorganisation mit ihren Codes, Formalismen und Programmen).

Der hier dargelegte Beziehungsbegriff geht weit über die Helfer*in-Klient*in-Beziehung hinaus, ebenso weit über Kommunikationstheorien, etwa von Watzlawick, Beavin und Jackson (2017) oder Schulz von Thun (2019), die in der Sozialen Arbeit gern herangezogen werden und die viele wichtige Impulse zur zwischenmenschlichen Kommunikation geben, jedoch nicht hinreichend sind für den Aufbau systemischer Kommunikations- und Beziehungskompetenz auf den verschiedenen Systemebenen.

Um was es letztlich geht, ist, zwischen individuellen Bedürfnissen und Befindlichkeiten sowie systemrationalen Anforderungen zu vermitteln und personale und funktionale Aspekte ausbalancieren zu helfen. In der Praxis kann sich dies als sehr herausfordernd darstellen, vor allem dort, wo Systeme ihren Systemzweck ohne Rücksicht auf menschliche Bedürfnisse durchsetzen wollen, oder wenn Adressat*innen nicht verstehen, dass Systeme nicht darauf angelegt sind, sämtliche Wünsche und Bedürfnisse zu erfüllen. Kompetenzen in der Beziehungsgestaltung auf den verschiedenen Ebenen, der kommunikative Umgang mit unterschiedlichen Perspektiven und die Fähigkeit der zweiten Beobachtung vergrößern die Chancen, professionell wirksam unterstützen und Grenzen der Machbarkeit einordnen oder gar überwinden zu können.

5.6 Relativierung analytischer Kategorien und „guter“ Konzepte

Studierende der Sozialen Arbeit lernen insbesondere mit Hilfe bezugswissenschaftlichen Wissens Kategorien kennen, beispielsweise um psychologische und psychosoziale Phänomene und Symptome einzuordnen. Solche Kategorien gleichen Navigationssystemen für den Weitervermittlungsbedarf, können aber gleichsam auch Fallen im Umgang mit den Hilfesuchenden darstellen. Aus konstruktivistischer Sicht wirken diagnostische Kategorien wie Brillen, durch die Menschen, deren Probleme und Auffälligkeiten betrachtet werden. Im schlimmsten Fall wird die beobachtete Person darauf reduziert. Expert*innen wähnen eine Art Kompass in der Hand, um mit dessen Hilfe festzustellen, dass man es womöglich mit einem zwanghaften Menschen zu tun habe, einem Choleriker, einer bindungsgestörten Person u. a. Beim Beobachten lassen sich dann Passgenauigkeiten zu dem herangezogenen Vorwissen entdecken. Wir sehen das, was herangezogene Theorien auf den Begriff gebracht haben. Der Konstruktivismus gemahnt uns zu zweifeln. Die Frage dazu lautet: Ist es so, wie ich meine, dass es ist? Kann man die Dinge auch anders sehen? Ist das Problem möglicherweise ganz anders gelagert? Welche Seiten der Persönlichkeit gibt es noch? So braucht es auch bei den Professionellen in der Praxis ein stetiges forschendes Handeln, ein stetiges Prüfen der eigenen Wahrnehmung im Kontext wissenschaftlicher Einordnungskriterien. Wissen ist eine Hilfe beim Erkennen und kann gleichzeitig ein Hindernis darstellen.

In der Medizin wird der Patient womöglich auf seine Lunge reduziert, in der Psychotherapie auf seine Borderline-Krankheit, in der Sozialen Arbeit auf sein Ausgegrenztsein oder seine kulturelle Herkunft.

Diagnosekriterien sind wichtig in der professionellen Arbeit und können gleichzeitig eine Falle sein. Konstruktivistisches Denken sensibilisiert für die Gefahr von Stereotypisierungen, für die Gefahr, die Person, die Unterstützung sucht und braucht, zum Objekt zu machen, indem man sie in Schubladen steckt und sie auf ihre Defizite reduziert. Hilfreich und anschlussfähig, damit dies nicht passiert, sind u. a. Zugänge der Humanistischen Psychologie (Ruth Cohn, Abraham Maslow, Carl Rogers u. a.), die für den Blick auf Fähigkeiten und Stärken sensibilisieren, und für das, was im Leben funktioniert und in Ordnung ist. Es gilt Wachstumspotenziale wahrzunehmen und mit den Menschen so zu arbeiten, um das, was sie in ihrem Inneren sind, brauchen und wollen zu unterstützen, dass sie authentisch sein können, auch im Kontext ihrer Brüchigkeit und Fehlbarkeit.

Auch so genannte „gute" Konzepte setzen in ihrer Verwendung eine kritische Reflexion voraus. Unter „guten" Konzepten verstehe ich Konzepte, die auf allgemeine Zustimmung stoßen, weil sie human orientiert sind und erstrebenswerte Ziele verfolgen. Ein solches Konzept ist beispielsweise *Empowerment,* das einen berufsethischen Anspruch transportiert. Es zielt auf Selbstbefähigung und Selbstermächtigung, Autonomie und Selbstverfügung (vgl. Herriger 2014; Stark 1996). Gegen solche Begriffe, die in sie hineingelegten Werte und das dahinterstehende „gute" Anliegen lässt sich wenig einwenden. Aber auch solche Konzepte laufen Gefahr, zu Begriffshüllen zu werden, wenn es beispielsweise um Ziele geht wie Stärken und Fähigkeiten, Selbsthilfe, Selbstorganisation, Selbst-Bemächtigung zu fördern und zu unterstützen. Das in die Begriffe hineingelegte Erstrebenswerte hat Aufforderungscharakter, was das professionelle Handeln betrifft. Schnell meldet sich das schlechte Gewissen, wenn man Aufgaben für Adressat*innen übernimmt, statt sie in deren Selbstverantwortung zu belassen, einfach weil es vielleicht schneller geht. Oder wenn man nicht mit Nachdruck auf Eigenständigkeit pocht, wo man meint, sie vor dem Hintergrund insbesondere eines psychologischen Empowerments einfordern zu müssen. Genauso, wie dies richtig sein kann, kann es auch falsch sein. Gegen den Strich gebürstet: Empowerment als Erwartungshaltung an Subjekte mit Blick auf Aktivität kann, je nach Lebenssituation, einzelne Adressaten überfordern und verängstigen, kann zur unrealistischen Forderung im Entwicklungsprozess von Adressaten werden. Um nicht falsch verstanden zu werden: Es geht nicht darum, das hinter dem Begriff stehende Anliegen und die grundsätzliche Intention von Empowerment in Frage zu stellen. Es gilt, das dahinterstehende Menschenbild des aktiven und selbständigen Subjekts in Verbindung zu bringen mit menschlicher Leiderfahrung, Überforderung und Brüchigkeit.

Mir geht es an dieser Stelle um die notwendige Prozesssensibilität in der Hilfepraxis und um die Frage, in welchen Lebenssituationen und Phasen des Hilfeprozesses ein Aktivierungskonzept zuträglich ist oder ob es möglicherweise überfordert. In so genannten Abwärtsspiralen in Rahmen der Problemdynamik, wie auch in Wendephasen, zeigen sich nicht selten Instabilitäten der Betroffenen im Selbstbild und in den Lebensumständen, so dass die Betroffenen sehr viel Unterstützung, Schutz und Stabilisierung benötigen (vgl. Miller 2006; 2008). Abwärtsspiralen, beispielsweise im Rahmen von Suchtkrankheit, kennzeichnen sich durch ein reduziertes Bewusstsein, das Fixieren auf das Problem und die Reproduktion untauglicher Bewältigungsmuster. Bewusstseinssysteme zeigen sich hier eher autopoietisch geschlossen. Zu beobachten sind Abwehrmechanismen wie Verdrängung, Verleugnung, Projektion. Krisen und Sackgassen können Chancen für einen Wendepunkt hin zu einem Entwicklungsprozess eröffnen. Bis es aber dazu kommt, sind überzogene Erwartungshaltungen in Zusammenhang mit Empowerment womöglich kontraproduktiv. Genauso kontraproduktiv wäre ein bloßer Defizitblick und mangelndes Vertrauen in die Fähigkeiten und Entwicklungschancen von Adressaten. Menschen verfügen über Ressourcen und Fähigkeiten, aber je nach Lebenssituation und Prozess sind ihnen diese mehr oder weniger zugänglich. Systemisches Arbeiten achtet auf Prozesse und Situationen. Jeder Fall ist spezifisch gelagert und braucht Achtsamkeit, auch was die Anwendung von „guten" Konzepten betrifft. Deswegen plädiere ich mehr dazu, Empowerment als professionelle Haltung zu verstehen, die einhergeht mit der zweiten Beobachtung, um auszuloten, welche Fähigkeiten und Ressourcen grundsätzlich und situativ beim Adressaten verfügbar sind, welche Art der Unterstützung in der konkreten Lebenssituation gebraucht wird, ob mehr sorgende oder mehr aktivierende.

5.7 Zusammenfassender Überblick und Impulse zur Einordnung

Mit dem Verweis auf die Bedeutung der Beobachtung zweiter Ordnung, auf Interventionen, die weder gesteuert noch kontrolliert werden können, auf reflexive Parteilichkeit, auf die Kunst und Kompetenz, gelingende Beziehungen auf verschiedenen Systemebenen und im Kontext verschiedener Systemtypen zu gestalten, und mit der Sensibilisierung für einen bewussten Umgang mit analytischen Kategorien und anerkannten Konzepten möchte ich dieses Kapitel beenden.

Die soziologische Systemtheorie und der Radikale Konstruktivismus verbindet eine gewisse Radikalität in ihrem jeweiligen theoretischen Fokus – eine Radikalität, die das Subjekt in ganz besonderer Weise tangiert. Weder kann es Wirklichkeit erkennen, so der Radikale Konstruktivismus, noch verfügt das Subjekt, so lässt sich mit Luhmann folgern, über die Möglichkeit, Systeme nach eigenen Vorgaben zu gestalten. Im Gegenteil: Subjekte sind in Luhmanns Systemtheorie zu Funktionsträgern, zu Agenten des Systems und dessen funktionale Erfordernisse degradiert. Diese beiden Zugänge liegen am Gegenpol des Aufklärungsversprechens, dass der Mensch, als vernunftbegabtes Wesens, Welt entsprechend vernunftgemäß gestalten und sein Leben selbstbestimmt leben kann. Auch dieses Versprechen birgt eine gewisse Radikalität und hat sich im Laufe der neueren menschlichen Geschichte nicht erfüllt.

Diese Gedanken an dieser Stelle zu schärfen, ist mir wichtig. In der Sozialen Arbeit setzen wir nicht das System ins Zentrum, sondern das Subjekt. So braucht es eine reflexive Auseinandersetzung mit den so genannten radikalen Perspektiven. Aus einer sozialkonstruktivistischen Perspektive und auch aus einer Netzwerkperspektive, ist der Mensch ein soziales Wesen, das einerseits von außen beeinflusst und bestimmt, gefördert, vereinnahmt, auch funktionalisiert wird und das andererseits das Soziale mitgestaltet, beeinflusst und sich dazu verhalten kann. Das autopoietisch geschlossene Operieren des Subjekts wird durch die neuere Gehirnforschung und die Kognitionswissenschaften aufgebrochen. Sie fokussieren auf die Frage, welche Bedeutung Beziehungen und Resonanzen mit der Umwelt für das Subjekt haben, beschreiben die innere Notwendigkeit des Subjekts, sich auf Mitmenschen einzulassen (vgl. Scheurle/Fuchs 2013). Menschen, so der Ausgangspunkt, sind zur Intersubjektivität prädestiniert. Das Gehirn verdrahte sich nach innen (Gehirn, Körper) und ebenso nach außen (Umwelt). Das Subjekt lässt sich intersubjektiv ein (vgl. Collins 2011). Für Gerald Hüther (vgl. 2004) ist die Erfahrung für die persönliche Entwicklung des Menschen und die Art und Weise, wie er sich in die Welt einbringt, der wichtigste Schatz. Erfahrung setzt ein soziales Eingebundensein und ein Mitgestalten voraus.

Für die Soziale Arbeit bedeutet dies, Beziehungs- und Erfahrungsräume für ihre Adressaten zu ermöglichen, die Lernen und Entwickeln fördern. Es geht darum, Beziehungen zu gestalten, die auf Resonanz stoßen, und auf die sich Adressaten einlassen können. Beim Mitgestalten von Systemwelten gilt es auf die Qualität von Systembeziehungen zu achten, in denen sich Menschen nicht funktionalisiert fühlen, sondern wertgeschätzt und in denen sie ihre Selbstwirksamkeit aktivieren können und gemeinsam mit Anderen nach Lösungen suchen und ebenso ihre Unvereinbarkeiten und Konflikte würdig austragen können. Das Spannungsverhältnis zwischen subjektiven Bedürfnissen und funktionalen Systemanforderungen gilt es bewusst zu bearbeiten.

All dies spricht für die Mehrsprachigkeit konstruktivistischer Theorien, also die Nutzung des Radikalen wie auch des sozialen Konstruktivismus. Es setzt Wissen der Gehirnforschung voraus und neben der Systemtheorie weitere sozial- und kulturwissenschaftliche Theorien. All dieses Wissen bündelt sich im besten Fall in einer werteorientierten, humanen und reflektierten professionellen Haltung, um *Ich* und *Wir*, *Ich* und *System* immer wieder aufs Neue auszubalancieren.

Nachwort

Ziel des Bandes ist es gewesen, in die konstruktivistische und die systemtheoretische Erkenntnis- und Wissenschaftstheorie einzuführen und darüber hinaus Überlegungen anzustellen, welche Bedeutung diese erkenntnistheoretischen Zugänge für die Wissenschaft und Praxis Sozialer Arbeit haben. Macht es Sinn, konstruktivistische Erkenntnistheorien und eine komplexe Universaltheorie, wie sie Luhmann vorlegt, für die Soziale Arbeit nutzbar zu machen? Die Antwort lautet: Ja, es macht Sinn! Mir ist es wichtig gewesen, immer wieder darauf hinzuweisen, dass Wissenschaft Angebote macht, dass der Reichtum der Wissenschaft gerade darin besteht, über verschiedene Erkenntnis- und Wissenschaftstheorien und darauf bezogene Teiltheorien aus den verschiedenen Disziplinen zu verfügen. Aus dieser Fülle lässt sich schöpfen – aber eben nicht beliebig! Die Erkenntnis- und Wissenschaftstheorien gleichen Navigationssystemen im Umgang mit Erkennen und im Erzeugen von Erkenntnissen. Ein besonderes Navigationssystem ist der systemtheoretisch-konstruktivistische Zugang – nicht weil er tiefer und gehaltvoller als alle anderen Zugänge ist, sondern weil er auf das Erfassen von Komplexität zielt und zugleich wissenschaftliche Demut fordert, was das Erkennen als solches betrifft. Wir können eben nicht wirklich erkennen, so die Aussage. Stimmt man dieser Aussage zu, hat das Folgen für die eigene Lebensführung und für das professionelle Handeln.

In der Darlegung der ausgewählten Theorien wird deutlich, dass Theoriebildung niemals abgeschlossen ist, dass sich Erkenntnis- und Wissenschaftstheorien stetig weiterentwickeln müssen und dass sie an Grenzen ihrer Reichweite stoßen. Dies wollte ich insbesondere mit dem Einschub der Netzwerktheorie als Erweiterung der Systemtheorie in Kapitel 3 verdeutlichen. Zu glauben, mit einer einzigen Theorie Welt und das Soziale erfassen zu können, wäre vermessen bis dogmatisch.

Und so kreiere ich an dieser Stelle das Bild einer mit bunten Bällen jonglierenden sozialpädagogischen Fachkraft. Die Bälle stehen für die von ihr ausgewählten Erkenntnis- und Wissenschaftstheorien sowie die darauf bezogenen und genutzten Teiltheorien. Es gibt größere und kleinere Bälle. Symbolisch stehen sie für die als wichtig und sehr wichtig erachteten Theorien. Jonglieren mit einem Ball funktioniert nicht, es braucht dazu mehrere. Alle, die sich ernsthaft mit Wissenschaft beschäftigen, werden ihr eigenes theoretisches Jonglierset zusammenstellen, das sich im Laufe der Zeit wieder verändern kann. Bälle werden größer oder kleiner, bei manchen geht die Luft heraus, neue Bälle kommen dazu, andere werden vielleicht gänzlich ausgemustert. In meinem eigenen Schaffen wurde im Laufe der Zeit der systemtheoretische Ball kleiner, der Netzwerkball kam neu dazu. Auch der radikalkonstruktivistische Ball wurde kleiner und dafür der sozialkonstruktivistische größer. Wichtig ist, die Essenz der Bälle zu kennen, zu wissen also, womit man jongliert, welche Schnittstellen es zwischen den Bällen gibt und wo sie sich ergänzen. Mit dem wissenschaftlichen Jonglieren, mit dem Beherrschen des Spiels, kommt auch die Freude an der Wissenschaft auf.

Durch den vorliegenden Text sollte auch deutlich werden, dass eine sozialwissenschaftliche Disziplin, eine solche ist die Soziale Arbeit, beim Forschen und bei der Theorieentwicklung auf Erkenntnis- und Wissenschaftstheorien nicht verzichten kann. Und auch hier greife ich wieder das Bild des Jonglierens auf. In der Theorieentwicklung Sozialer Arbeit macht es keinen Sinn, etwa nur auf das Wissen und den Gehalt eines erkenntnistheoretischen Zugangs zu setzen. Das wäre unterkomplex und der Sozialen Arbeit nicht dienlich. Auch hier braucht es mehrere Bälle. Theoriearbeit in der Disziplin ist so gesehen Jonglierarbeit. Dazu gehört, dass Erkenntnistheorien auf den Gegenstand der Disziplin und Wissenschaft angepasst werden. Brauchbare Teile werden verwendet, weniger brauchbare ausgelassen, die Teile werden mit anderen Theorieteilen verknüpft und ergänzt. Theoriearbeit umfasst ein Fragen, Suchen, Deuten, kritisches Reflektieren und schließlich Konzeptarbeit, so dass eine tragfähige, begründbar theoretische Architektur entsteht. Wissenschaftliches Tun erlaubt vieles, wenn man es begründen kann. Es erlaubt das Jonglieren mit verschiedenen Bällen. Und genau darin liegt das Moment der Freiheit im wissenschaftlichen Denken und Tun.

Wenn wir eine Erkenntnis- und Wissenschaftstheorie auf die Praxis herunterbrechen – auch das wurde in diesem Buch skizziert –, dann wird deutlich, dass lediglich Teilaspekte bleiben, die aber für die Praxis durchaus impulsreich sein können: Impulse für die professionelle Haltung, für Interaktion, Kommunikation, Entscheiden und methodisches Handeln. Auch hier gilt es situativ zu jonglieren, um Erkenntnistheorien für das praktische Handeln fruchtbar zu machen. Dies geschieht im Laufe der Praxis mehr oder weniger routiniert; Theoriewissen verwebt sich mit Erfahrungswissen. Ein systemtheoretisch konstruktivistischer Zugang, so meine Argumentation, mündet sinnvollerweise in einen systemischen Zugang, weil dieser ebenfalls verschiedene Jonglierbälle vorsieht, indem weitere Theorien, Modelle und Praxismethoden hinzugezogen werden.

Wichtig und zentral in der systemischen Arbeit ist die Beobachtung zweiter Ordnung, die Selbstreferenz, das Zweifeln gegenüber den eigenen Annahmen und Hypothesen, das Weiterfragen und die Offenheit für weitere Perspektiven, und ggf. für einen Perspektivenwechsel. Ebenso wichtig ist der Respekt vor der Autopoiesis der Systeme – Bewusstseinssysteme wie soziale Systeme. Dies scheint mir die größte Aufforderung des Konstruktivismus für die Praxis zu sein.

Und so beende ich die Arbeit mit dem Bild des Jonglierens. Als Professionelle/r brauchen Sie neben Methodenwissen ebenso disziplinäres und bezugswissenschaftliches Theoriewissen, das Sie erst mit Hilfe von Erkenntnis- und Wissenschaftstheorien einordnen können. Daraus ergibt sich dann Ihr persönliches theoretisches Jonglierset für die Praxis, das Sie bewusst zusammenstellen. Wünschenswert wäre es, dass Sie Ihr Set immer wieder auf Viabilität hin überprüfen und bei Bedarf weiterentwickeln. Und wenn es Ihnen gelingt, mit Ihrem Jonglierset Menschen in ihrer Weiterentwicklung zu unterstützen, und zwar dergestalt, dass diese ihre Bälle, mit denen sie ihr Leben zu bewältigen versuchen, reflektieren und bei Bedarf umarrangieren, umkonstruieren und durch neue, jeweils passendere Bälle ergänzen, dabei unbrauchbare loslassen, dann sind Sie, systemisch betrachtet, auf einem hilfreichen Weg.

Die Systemtheorie vermag zu zeigen, wie herausfordernd soziale Systeme für Menschen sind, wie diese sich letztlich gegen Vereinnahmungen wappnen und für ihre Autonomie einstehen müssen. Der Mensch ist umso freier, je mehr er sich über seine Verflochtenheit mit Systemen bewusst ist. Systeme bieten einen Ordnungs- und Leistungsrahmen, sichern die Basisfunktionen moderner Gesellschaft und sind gleichzeitig ihr Gefahrenpotenzial.

Mit Hilfe des Theoriekonzepts von Luhmann erkennen wir die ambivalente Wirkung funktionaler Systemmechanismen und Systemlogiken und können besorgniserregende Phänomene wie Leistungs-, Wachstums- und Konsumwahn, Selbstoptimierungswahn und eine teils atemlose Beschleunigung durch den Innovationsdruck einordnen. Die funktional-differenzierte Gesellschaft hat Ausformungen angenommen, sich selbst und die Lebensgrundlagen des Menschen zu zerstören, weil sie die Menschen und die Natur funktionalen Kriterien unterordnet. Die Frage wird sein, wie sich das globale System selbst stabilisiert und welche notwendigen Systemveränderungen möglich sind. Dass wir inmitten von Veränderungsprozessen stehen, zeigen nicht nur die Corona-Pandemie und ihre Folgen für die Funktionssysteme, sondern auch die zunehmende Sensibilisierung vieler Menschen für Klima- und Ressourcenschutz, wie auch die netzwerkförmigen sozialen Strukturentwicklungen, durch die auch die Zivilgesellschaft mehr Einfluss gewinnt.

Um diese Prozesse zu analysieren, braucht es die Systemtheorie, wenngleich sie nicht hinreichend ist.

Literatur

Albert, Hans/Topitsch, Ernst (Hrsg.) (1971): Werturteilsstreit, Darmstadt: Wissenschaftliche Buchgesellschaft.

Baecker, Dirk et al. (1987): Theorie als Passion. Niklas Luhmann zum 60. Geburtstag. Frankfurt/M.: Suhrkamp.

Baecker, Dirk (1994): Soziale Hilfe als Funktionssystem der Gesellschaft. In: Zeitschrift für Soziologie, Jg. 23, Heft 2, S. 93-110.

Baecker, Dirk (2007): Studien zur nächsten Gesellschaft. Frankfurt/M.: Suhrkamp.

Bango, Jenö (2001): Sozialarbeitswissenschaft heute. München: Wilhelm Fink.

Bauer, Joachim (2016): Warum ich fühle, was du fühlst. Intuitive Kommunikation und das Geheimnis der Spiegelneurone. 23., akt. Aufl. Neuausgabe. Hamburg: Heyne.

Baumann, Peter (2006): Erkenntnistheorie. 3., akt. Aufl. Stuttgart: J.B. Metzler.

Benz, Arthur et al. (Hrsg.) (2007): Handbuch Governance. Theoretische Grundlagen und empirische Anwendungsfelder. Wiesbaden: Springer VS.

Berg, Mathias (2019a): Auswirkungen systemischer Beratung und Therapie in einer Erziehungs- und Familienberatungsstelle auf die Bindungssicherheit verhaltensauffälliger Kinder im Grundschulalter. www.dgsf.org/ueber-uns/foerderpreise/material/auswirkungen-systemischer-beratung-und-therapie-in-einer-erziehungs-und-familienberatungsstelle (Abfrage: 29.07.2020).

Berg, Mathias (2019b): Die Wirksamkeit systemischer Beratung: Erhöht Erziehungs- und Familienberatung die Bindungssicherheit von verhaltensauffälligen Kindern? Göttingen: Vandenhoeck & Ruprecht unipress.

Berger, Peter L./Luckmann, Thomas (2004): Die gesellschaftliche Konstruktion der Wirklichkeit. 20. Aufl. Frankfurt/M.: Fischer TB.

Berkeley, George (2004): Eine Abhandlung über die Prinzipien menschlicher Erkenntnis. Einl., Anm. und Hrsg. von Arend Kulenkampff. Hamburg: Felix Meiner.

Bertalanffy, Ludwig von (1968): General System Theory. New York: George Braziller.

Birgmeier, Bernd (2014): Handlungswissenschaft Soziale Arbeit: eine Begriffsanalyse. Wiesbaden: Springer VS.

Birgmeier, Bernd/Mührel, Eric (Hrsg.) (2009): Die Sozialarbeitswissenschaft und ihre Theorie(n). Wiesbaden: Springer VS.

Bommes, Michael/Scherr, Albert (1996): Soziale Arbeit als Exklusionsvermeidung, Inklusionsvermittlung und/oder Exklusionsverwaltung. In: Merten, Roland/Sommerfeld, Peter/Koditek, Thomas (Hrsg.): Sozialarbeitswissenschaft – Kontroversen und Perspektiven. Neuwied u. a.: Luchterhand, S. 93-119.

Bommes, Michael/Tacke, Veronika (2011a): Netzwerke in der funktional differenzierten Gesellschaft. Wiesbaden: Springer VS.

Bommes Michael/Tacke, Veronika (2011b): Das Allgemeine und das Besondere des Netzwerkes. In: Dieselben: Netzwerke in der funktional differenzierten Gesellschaft. Wiesbaden: Springer VS, S. 25-50.

Bourdieu, Pierre (1983): „Ökonomisches Kapital, kulturelles Kapital, soziales Kapital". In: Kreckel, Reinhard (Hrsg.): Soziale Ungleichheiten. Sonderband 2 der Sozialen Welt. Göttingen: Schwartz, S. 183-198.

Bourdieu, Pierre (1987): Die feinen Unterschiede. Kritik der gesellschaftlichen Urteilskraft. Frankfurt/M.: Suhrkamp.

bpb – Bundeszentrale für politische Bildung (2012): Die verschiedenen Dimensionen der Zivilgesellschaft. https://www.bpb.de/politik/grundfragen/deutsche-verhaeltnisse-eine-sozialkunde/138713/dimensionen (Abfrage: 12.06.2020).

Burke, Peter (2001): Vico: Philosoph, Historiker, Denker einer neuen Wissenschaft. Berlin: Wagenbach.

Chalmers, Alan F. (2007): Wege der Wissenschaft. Einführung in die Wissenschaftstheorie. 6., verb. Aufl. Berlin, Heidelberg: Springer.

Capelle, Wilhelm (2012): Die Vorsokratiker: Fragmente und Quellenberichte. 9. Aufl. Stuttgart: Kröner.

Castells, Manuel (2003): Das Informationszeitalter I. Der Aufstieg der Netzwerkgesellschaft. Opladen: Leske + Budrich.

Collins, Randall (2011): Dynamik der Gewalt. Eine mikrosoziologische Theorie. Hamburg: Hamburg Edition.

Deleuze, Gille (1993): Unterhandlungen 1972-1990. Frankfurt/M.: Suhrkamp.

Eberhard, Kurt (1999): Einführung in die Erkenntnis- und Wissenschaftstheorie. Geschichte und Praxis der konkurrierenden Erkenntniswege. 2., durchg. u. erw. Aufl. Stuttgart, Berlin, Köln: Kohlhammer.

Engelke, Ernst (1998): Theorien der Sozialen Arbeit. Eine Einführung. Freiburg/Br.: Lambertus.

Engelke, Ernst (2004): Die Wissenschaft der Sozialen Arbeit. 2. Aufl. Freiburg/Br.: Lambertus.

Engelke, Ernst/Borrmann, Stefan/Spatscheck, Christian (2018): Theorien der Sozialen Arbeit. Eine Einführung. 7., überarb. u. erw. Aufl. Freiburg/Br.: Lambertus.

Erpenbeck, John/Rosenstiel, Lutz von (2017): Handbuch Kompetenzmessung. 3., überarb. und erw. Aufl. Stuttgart: Schäffer-Poeschel.

Exner, Hella/Reithmayr, Franz (1991): Anmerkungen zu Maturanas Versuch einer Ethik. In: Fischer, Hans Rudi (Hrsg.): Autopoiesis. Heidelberg: Auer, S. 137-153.

Foerster, Heinz von (1993): KybernEthik. Berlin: Merve.

Foerster, Heinz von (1994): Erkenntnistheorien und Selbstorganisation. In: Schmidt, Siegfried J. (Hrsg.): Der Diskurs des Radikalen Konstruktivismus. 6. Aufl. Frankfurt/M.: Suhrkamp, S. 133-158.

Foerster, Heinz von (2000): Das Konstruieren einer Wirklichkeit. In: Watzlawick, Paul (Hrsg.): Die erfundene Wirklichkeit. 12. Aufl. München: Piper, S. 39-60.

Foucault, Michel (1976): Mikrophysik der Macht. Über Strafjustiz, Psychiatrie und Medizin. Berlin: Merve.

Foucault, Michel (1978): Dispositive der Macht. Über Sexualität, Wissen und Wahrheit. Köln: Merve.

Foucault, Michel (1992): Die Ordnung des Diskurses. Frankfurt/M.: Fischer.

Foucault, Michel (1994): Überwachen und Strafen. Die Geburt des Gefängnisses. Frankfurt/M.: Suhrkamp.

Foucault, Michel (2005): Subjekt und Macht. In: Foucault, Michel: Analytik der Macht. Frankfurt/M. Main: Suhrkamp, S. 240-263.

Fuchs, Peter (1994): Die Form beratender Kommunikation. Zur Struktur einer kommunikativen Gattung. In: Fuchs, Peter/Pankoke, Eckart: Beratungsgesellschaft. Schwerte: Katholische Akademie, S. 13-25.

Fuchs, Peter (1997): Adressabilität als Grundbegriff der soziologischen Systemtheorie. In: Soziale Systeme 3/1, S. 57-80.

Fuchs, Peter (2000): Systemtheorie und Soziale Arbeit. In: Merten, Roland (Hrsg.): Systemtheorie Sozialer Arbeit. Neue Ansätze und veränderte Perspektiven. Opladen: Leske + Budrich, S. 157-175.

Fuchs, Stephan (2001): Against Essentialism. A Theory of Culture and Society. Cambridge/MA: Harvard University Press.

Fuhse, Jan A. (2014): Verbindungen und Grenzen. Der Netzwerkbegriff in der Systemtheorie. In: Weyer, Johannes (Hrsg.) (2014): Soziale Netzwerke. Konzepte und Methoden der sozialwissenschaftlichen Netzwerkforschung. 3., überarb. Aufl. München: De Gruyter/Oldenbourg, S. 291-313.

Gahleitner, Birgitta/Kraus, Björn/Schmitt, Rudolf (Hrsg.) (2012): Über soziale Arbeit und über soziale Arbeit hinaus. Ein Blick auf zwei Jahrzehnte Wissenschaftsentwicklung, Forschung und Promotionsförderung. Lage: Hans Jacobs Verlag.

Gergen Kenneth J./Gergen, Mary (2009): Einführung in den sozialen Konstruktivismus. Heidelberg: Carl Auer.

Glasersfeld, Ernst von (1992): Konstruktion der Wirklichkeit und des Begriffs der Objektivität. In: Gumin, Heinz/Meier, Heinrich (Hrsg.): Einführung in den Konstruktivismus. München: Piper, S. 9-39.

Glasersfeld, Ernst von (1997): Kleine Geschichte des Konstruktivismus. In: http://vonglasersfeld.com/200 (Abfrage: 27.02.2020).

Glasersfeld, Ernst von (2000): Einführung in den radikalen Konstruktivismus. In: Watzlawick, Paul (Hrsg.): Die erfundene Wirklichkeit. 12. Aufl. München: Piper, S. 16-28.

Glasersfeld, Ernst von/NIKOL (1994): Siegener Gespräche über Radikalen Konstruktivismus. Ernst von Glasersfeld im Gespräch mit NIKOL. In: Schmidt, Siegfried J. (Hrsg.): Der Diskurs des Radikalen Konstruktivismus. 6. Aufl. Frankfurt/M.: Suhrkamp, S. 401-440.

Graf, Daniel/Stern, Maximilian (2018): Agenda für eine digitale Demokratie. Chancen, Gefahren, Szenarien. Zürich: NZZ Libro.

Groddeck, Victoria von (2016): Systemtheorie und Organisationskritik. In: Möller, Kolja/Siri, Jasmin (Hrsg.): Systemtheorie und Gesellschaftskritik. Perspektiven der Kritischen Systemtheorie. Bielefeld: transcript, S. 97-114.

Gumin, Heinz/Meier, Heinrich (Hrsg.) (2010): Einführung in den Konstruktivismus. 12. Aufl. München: Piper.

Habermas, Jürgen/Luhmann, Niklas (1971): Theorie der Gesellschaft oder Sozialtechnologie – Was leistet die Systemforschung. Frankfurt/M.: Suhrkamp.

Habermas, Jürgen (1981): Theorie des kommunikativen Handelns. 2 Bände. Frankfurt/M.: Suhrkamp.

Hafen, Martin (2004): Luhmann in der Sozialen Arbeit oder: Wie kann die soziologische Systemtheorie für die professionelle Praxis genutzt werden? In: Mäder, Ueli/Daub, Claus-Heinrich: Soziale Arbeit: Beiträge zu Theorie und Praxis. Basel: edition gesowip, S. 203-231. Siehe auch www.fen.ch/texte/mh_luhmann_sa.pdf (Abfrage: 30.08.2020).

Haferkamp, Hans (1987): Autopoietisches soziales System oder konstruktives soziales Handeln? Zur Ankunft der Handlungstheorie und zur Abweisung empirischer Forschung in Niklas Luhmanns Systemtheorie. In: Haferkamp, Hans/Schmid, Michael (Hrsg.): Sinn, Kommunikation und soziale Differenzierung. Frankfurt/M.: Suhrkamp.

Haferkamp, Hans/Schmid, Michael (Hrsg.) (1987): Sinn, Kommunikation und soziale Differenzierung. Beiträge zu Luhmanns Theorie Sozialer Systeme. Frankfurt/M.: Suhrkamp, S. 51-88.

Händle, Frank/Jensen, Stefan (Hrsg.) (1974): Systemtheorie und Systemtechnik. München: Nymphenburger Verlagshandlung.

Hayek, Friedrich. A. (1970): Die Irrtümer des Konstruktivismus und die Grundlagen legitimer Kritik gesellschaftlicher Gebilde. In: Vanberg, Viktor J. (Hrsg.) (2011): Hayek Lesebuch. Tübingen, S. 209- 229.

Herriger, Norbert (2014): Empowerment in der Sozialen Arbeit. Eine Einführung. 5., akt. u. erw. Aufl. Stuttgart: Kohlhammer.

Herwig-Lempp, Johannes (2012): Ressourcenorientierte Teamarbeit. Systemische Praxis der kollegialen Beratung, 3. Aufl. Göttingen: Vandenhoeck & Ruprecht.

Hillebrandt, Frank (2004): Soziale Ungleichheit oder Exklusion? Zur funktionalistischen Verkennung eines soziologischen Grundproblems. In: Merten, Roland/Scherr, Albert (Hrsg.) (2004): Inklusion und Exklusion in der Sozialen Arbeit. Wiesbaden: Springer VS, S. 119-142.

Holzer, Boris (2006): Netzwerke. Bielefeld: transcript.

Holzer, Boris (2010): Von der Beziehung zum System – und zurück? Relationale Soziologie und Systemtheorie. In: Fuhse, Jan/Mützel, Sophie (Hrsg.): Relationale Soziologie. Zur kulturellen Wende der Netzwerkforschung. Wiesbaden: Springer VS, S. 97-116.

Hosemann, Wilfried/Geiling, Wolfgang (2013): Einführung in die Systemische Soziale Arbeit. München: Ernst Reinhardt.

Hundeck, Markus/Mührel, Eric (2021): Erkenntnistheorie der Sozialen Arbeit. Eine Grundlegung. Weinheim, Basel: Beltz Juventa.

Hurrelmann, Klaus/Albrecht, Erich (2020): Generation Greta: Was sie denkt, wie sie fühlt und warum das Klima erst der Anfang ist. Weinheim, Basel: Beltz.

Huschke-Rhein, Rolf (1988): Systemische Pädagogik. Bd. 1: Systempädagogische Wissenschaftslehre als Bildungslehre im Atomzeitalter. 2., erw. u. verb. Aufl. Köln: Rhein Verlag.

Hussy, Walter/Schreier, Margit/Echterhoff, Gerald (2013): Forschungsmethoden in Psychologie und Sozialwissenschaften für Bachelor. 2., überarb. Aufl. Berlin, Heidelberg: Springer.

Hüther, Gerald (2004): Bedienungsanleitung für ein menschliches Gehirn. Göttingen: Vandenhoeck & Ruprecht.

Imber-Black, Evan (2006): Familien und größere Systeme. 5. Aufl. Heidelberg: Auer.

Jain, Anil K. (2002): Medien der Anschauung. Theorie und Praxis der Metapher. München: edition fatal.

Janich, Peter (2000): Was ist Erkenntnis: Eine philosophische Einführung. München: Beck.

Jensen, Stefan (Hrsg.) (1976): Talcott Parsons – Zur Theorie Sozialer Systeme. Opladen: Westdeutscher Verlag.

Jensen, Stefan (Hrsg.) (1980): Talcott Parsons – Zur Theorie der sozialen Interaktionsmedien. Opladen: Westdeutscher Verlag.

Jensen, Stefan (1999): Erkenntnis – Konstruktivismus – Systemtheorie: Einführung in die Philosophie der konstruktivistischen Wissenschaften. Opladen, Wiesbaden: Westdeutscher Verlag.

Jonas, Friedrich (1969): Geschichte der Soziologie, Bd. IV. Reinbek bei Hamburg: Rowohlt.

Kämper, Eckard/Schmidt, Johannes F.K. (2000): Netzwerke als strukturelle Kopplung. Systemtheoretische Überlegungen zum Netzwerkbegriff. In: Weyer, Johannes (Hrsg.): Soziale Netzwerke. Konzepte und Methoden der sozialwissenschaftlichen Netzwerkforschung. München, Wien: Oldenburg, S. 211-235.

Kant (1787) (1968): Kritik der reinen Vernunft. Kants Werke. Band III. Akademie Textausgabe. 2. Aufl. 1787. Berlin, New York: de Gruyter.

Keller, Reiner/Knoblauch, Hubert/Reichertz, Jo (Hrsg.) (2013): Kommunikativer Konstruktivismus. Theoretische und empirische Arbeiten zu einem neuen wissenssoziologischen Ansatz. Wiesbaden: Springer VS.

Kleve, Heiko (2000): Die Sozialarbeit ohne Eigenschaften. Fragmente einer postmodernen Professions- und Wissenschaftstheorie Sozialer Arbeit. Freiburg/Br.: Lambertus.

Kleve, Heiko (2007): Postmoderne Sozialarbeit. Ein systemtheoretisch-konstruktivistischer Beitrag zur Sozialarbeitswissenschaft. 2. Aufl. Wiesbaden: Springer VS.

Kleve, Heiko (2011): Vom Erweitern der Möglichkeiten – Konstruktivismus in der Sozialen Arbeit. In: Pörksen, Bernhard (Hrsg.): Schlüsselwerke des Konstruktivismus. Wiesbaden: Springer VS, S. 506-519.

Knorr-Cetina, Karin (1989): Spielarten des Konstruktivismus. Einige Notizen und Anmerkungen. In: Soziale Welt, Jg. 40, H. 1/2, S. 86-96.

Kohl, Karl-Heinz (2012): Ethnologie – die Wissenschaft vom kulturellen Fremden. Eine Einführung. 3., akt. u. erw. Aufl. München: Beck.

Kraus, Björn (2002): Konstruktivismus – Kommunikation – Soziale Arbeit. Heidelberg: Carl Auer.

Kraus, Björn (2012): Was ist und soll eine Wissenschaft der Sozialen Arbeit? Antworten und Fragen. In: Gahleitner, Silke/Kraus, Björn/Schmitt, Rudolf (Hrsg.): Über Soziale Arbeit und über Soziale Arbeit hinaus. Ein Blick auf zwei Jahrzehnte Wissenschaftsentwicklung, Forschung und Promotionsförderung. Lage: Jacobs Verlag, S. 19-39.

Kraus, Björn (2013): Erkennen und Entscheiden. Grundlagen und Konsequenzen eines erkenntnistheoretischen Konstruktivismus für die Soziale Arbeit. Weinheim, Basel: Beltz Juventa.

Kraus, Björn (2018): Von der Normativität der Praxis zur Normativität der Wissenschaft der Sozialen Arbeit. In: Krieger, Wolfgang/Kraus, Björn (Hrsg.): Normativität und Wissenschaftlichkeit in der Wissenschaft Soziale Arbeit. Zur Kritik normativer Dimensionen in Theorie, Wissenschaft und Praxis der Sozialen Arbeit. Weinheim, Basel: Beltz Juventa, S. 152-193.

Kraus, Björn (2019): Relationaler Konstruktivismus – Relationale Soziale Arbeit. Von der system-konstruktivistischen Lebensweltorientierung zu einer relationalen Theorie der Sozialen Arbeit. Weinheim, Basel: Beltz Juventa.

Krause, Detlef (1996): Luhmann-Lexikon. Stuttgart: Enke.

Krawietz, Werner/Welker, Michael (1992): Kritik der Theorie sozialer Systeme. Auseinandersetzungen mit Luhmanns Hauptwerk. 2. Aufl. Frankfurt/M.: Suhrkamp.

Krieger, Wolfgang (Hrsg.) (2010): Systemische Impulse. Theorieansätze, neue Konzepte und Anwendungsfelder systemischer Sozialer Arbeit. Stuttgart: Ibidem.

Krieger, Wolfgang (2011): Das Allgemeine Akademischer Sozialer Arbeit. Rückblick und Ausblick auf die Gegenstandsdebatte zur Wissenschaft der Sozialen Arbeit. In: Kraus, Björn et al. (Hrsg.): Soziale Arbeit zwischen Generalisierung und Spezialisierung. Das Ganze und seine Teile. Opladen: Budrich, S. 143-164.

Kronauer, Martin (2010a): Inklusion – Exklusion. Eine historische und begriffliche Annäherung an die soziale Frage der Gegenwart. In: Derselbe (Hrsg.): Inklusion und Weiterbildung. Reflexionen zur gesellschaftlichen Teilhabe in der Gegenwart. Bielefeld: Bertelsmann, S. 24-58.

Kronauer, Martin (2010b): Exklusion. Die Gefährdungen des Sozialen im hochentwickelten Kapitalismus. 2., akt. u. erw. Aufl. Frankfurt/M., New York: Campus.

Lambers, Helmut (2018): Theorien der Sozialen Arbeit. Ein Kompendium und Vergleich. 4., überarb. u. erw. Aufl. Opladen: Westdeutscher Verlag.

Lamnek, Siegfried (1995): Qualitative Sozialforschung. Band 2. Methoden und Techniken. 3., korr. Aufl. Weinheim, Basel: Beltz.

Latour, Bruno (2010): Eine neue Soziologie für eine neue Gesellschaft. 4. Aufl. Frankfurt/M.: Suhrkamp.

Leif, Thomas (1998): Unkonventionelle Beteiligungsformen und die Notwendigkeit der Vitalisierung der Bürgergesellschaft. In: Aus Politik und Zeitgeschichte, B 38/98, S. 12-21.
Lorenz, Konrad (1993): Die Rückseite des Spiegels. Versuch einer Naturgeschichte menschlichen Erkennens. München: dtv.
Lowy, Louis (1983): Sozialarbeit/Sozialpädagogik als Wissenschaft im angloamerikanischen und deutschsprachigen Raum. Freiburg/Br.: Lambertus.
Ludewig Kurt (1992): Systemische Therapie. Stuttgart: Klett-Cotta.
Lüders, Christian (2015): Beobachten im Feld und Ethnographie. In: Flick, Uwe/Kardoff, Ernst von/Steineke, Ines (Hrsg.): Qualitative Forschung. Ein Handbuch. 11. Aufl. Reinbek: Rowohlt, S. 384-401.
Luhmann, Niklas (1971): Politische Planung. Opladen: Westdeutscher Verlag.
Luhmann, Niklas (1973): Zweckbegriff und Systemrationalität. Frankfurt/M.: Suhrkamp.
Luhmann, Niklas (1980): Gesellschaftsstruktur und Semantik. Studien zur Wissenssoziologie der modernen Gesellschaft. Bd. 1. Frankfurt/M.: Suhrkamp.
Luhmann, Niklas (1981): Politische Theorie im Wohlfahrtsstaat. München, Wien: Olzog.
Luhmann, Niklas (1984): Soziale Systeme. Grundriß einer allgemeinen Theorie. Frankfurt/M.: Suhrkamp.
Luhmann, Niklas (1987): Rechtssoziologie. Opladen: Westdeutscher Verlag.
Luhmann, Niklas (1988): Die Wirtschaft der Gesellschaft. Frankfurt/M.: Suhrkamp.
Luhmann, Niklas (1991a): Soziologische Aufklärung 1. Aufsätze zur Theorie sozialer Systeme. 6. Aufl. Opladen: Westdeutscher Verlag.
Luhmann, Niklas (1991b): Soziologische Aufklärung 2. Aufsätze zur Theorie der Gesellschaft. 4. Aufl. Opladen: Westdeutscher Verlag.
Luhmann, Niklas (1991c): Soziologische Aufklärung 3. Soziales System, Gesellschaft, Organisation. 2. Aufl. Opladen.
Luhmann, Niklas (1991d): Am Ende der kritischen Soziologie. In: Zeitschrift für Soziologie Jg. 20, Heft 2, S. 147-152.
Luhmann, Niklas (1992): Die Wissenschaft der Gesellschaft. Frankfurt/M.: Suhrkamp.
Luhmann, Niklas (1993a): Soziologische Aufklärung 5. Konstruktivistische Perspektiven. 2. Aufl. Opladen: Westdeutscher Verlag.
Luhmann, Niklas (1993b): Theoretische und praktische Probleme der anwendungsbezogenen Wissenschaften. In: Ders.: Soziologische Aufklärung 3. Soziales System, Gesellschaft, Organisation. Opladen: Westdeutscher Verlag, S. 321-334.
Luhmann, Niklas (1995a): Gesellschaftsstruktur und Semantik. Studien zur Wissenssoziologie der modernen Gesellschaft, Band 4. Frankfurt/M.: Suhrkamp.
Luhmann, Niklas (1995b): Die Soziologie und der Mensch. Soziologische Aufklärung 6. Opladen: Westdeutscher Verlag.
Luhmann, Niklas (1996): Protest. Systemtheorie und soziale Bewegungen. Frankfurt/M.: Suhrkamp.
Luhmann, Niklas (1999): Funktionen und Folgen formaler Organisation. 5. Aufl. Berlin: Duncker & Humblot.
Luhmann, Niklas (1997): Die Gesellschaft der Gesellschaft. Band 1 und 2. Frankfurt/M.: Suhrkamp.
Luhmann, Niklas (2001): Erkenntnis als Konstruktion. In: Luhmann, Niklas: Aufsätze und Reden. Hrsg. von Oliver Jahraus. Stuttgart: Reclam, S. 218-242.
Luhmann, Niklas (2002a): Die Politik der Gesellschaft. 5. Aufl. Frankfurt/M.: Suhrkamp.
Luhmann, Niklas (2002b): Die Kunst der Gesellschaft. 9. Aufl. Frankfurt/M.: Suhrkamp.
Luhmann, Niklas (2004): Einführung in die Systemtheorie. 2. Aufl. Heidelberg: Carl-Auer-Systeme.

Luhmann, Niklas (2009a): Die Realität der Massenmedien. 4. Aufl. Wiesbaden: Springer VS.
Luhmann, Niklas (2009b): Das Recht der Gesellschaft. 7. Aufl. Frankfurt/M.: Suhrkamp.
Luhmann, Niklas (2014): Das Erziehungssystem der Gesellschaft. 6. Aufl. Frankfurt/M.: Suhrkamp.
Luhmann, Niklas (2016): Die Religion der Gesellschaft. 5. Aufl. Frankfurt/M.: Suhrkamp.
Luhmann, Niklas/Schorr, Eberhard (2005): Reflexionsprobleme im Erziehungssystem. 4. Aufl. Frankfurt/M.: Suhrkamp.
Maciejewski, Franz (Hrsg.) (1973): Theorie der Gesellschaft oder Sozialtechnologie. Beiträge zur Habermas-Luhmann Diskussion. Supp. I und II. Frankfurt/M.: Suhrkamp.
Maturana, Humberto (1982): Die Organisation und Verkörperung von Wirklichkeit. Braunschweig: Viehweg.
Maturana, Humberto (1994): Kognition: In: Schmidt, Siegfried J. (Hrsg.): Der Diskurs des Radikalen Konstruktivismus. 6. Aufl. Frankfurt/M.: Suhrkamp, S. 89-118.
Maturana, Humberto, R./Varela, Francisco, J. (1982): Biologie der Kognition. In: Maturana, Humberto, R.: Erkennen: Die Organisation und Verkörperung von Wirklichkeit. Braunschweig: Vieweg.
Maturana, Humberto R./Varela, Francisco, J. (1991): Der Baum der Erkenntnis. 2. Aufl. Bern, München: Scherz.
Mayntz, Renate (1993): Policy-Netzwerke und die Logik von Verhandlungssystemen. In: Héritier, Adrienne (Hrsg.): Policy-Analyse. Kritik und Neuorientierung. Politische Vierteljahresschrift, 34. Jg. Opladen: Springer, S. 39-56.
Mayntz, Renate/Scharpf, Fritz W. (1995): Gesellschaftliche Selbststeuerung und politische Steuerung. Frankfurt/M., New York: Campus.
Merten, Roland (Hrsg.) (2000): Systemtheorie Sozialer Arbeit – Neue Ansätze und veränderte Perspektiven. Opladen: Leske + Budrich.
Merten, Roland (2001): Inklusion/Exklusion und Soziale Arbeit. Überlegungen zur aktuellen Theoriedebatte zwischen Bestimmung und Destruktion. In: Zeitschrift für Erziehungswissenschaft, 4. Jg., Heft 2, S. 173-190.
Merten, Roland/Scherr, Albert (Hrsg.) (2004): Inklusion und Exklusion in der Sozialen Arbeit. Wiesbaden: Springer VS.
Merten, Roland/Sommerfeld, Peter/Koditek, Thomas (Hrsg.) (1996): Sozialarbeitswissenschaft – Kontroversen und Perspektiven: Neuwied, Kriftel, Berlin: Luchterhand.
Messner, Dirk (1997): Die Netzwerkgesellschaft. Wirtschaftliche Entwicklung und internationale Wettbewerbsfähigkeit als Probleme gesellschaftlicher Steuerung. Köln: Weltforum.
Miller, Tilly (1999): Systemtheorie und Soziale Arbeit. Ein Lehr- und Arbeitsbuch. Stuttgart: Enke.
Miller, Tilly (2001): Systemtheorie und Soziale Arbeit. Entwurf einer Handlungstheorie. 2., überarb. u. erw. Aufl. Stuttgart: Lucius.
Miller, Tilly (2003): Sozialarbeitsorientierte Erwachsenenbildung. Theoretische Begründung und Praxis. München, Neuwied: Luchterhand.
Miller, Tilly (2006): Dramaturgie von Entwicklungsprozessen. Ein Phasenmodell für professionelle Hilfe im psychosozialen Bereich. Stuttgart: Lucius.
Miller, Tilly (2008): …im Spagat menschlicher Entwicklungsprozesse. Wie die spezifische Dramaturgie von Entwicklungsprozessen Empowerment voraussetzt und gleichzeitig begrenzt. In: Forum sozial (DBSH), Januar-März 1, S. 15-19.
Miller, Tilly (2010): Netzwerkgesellschaft und Systemtheorie. In: Journal der DGSSA. Heft 1, S. 41-58.
Miller, Tilly (2012): Inklusion Teilhabe Lebensqualität. Tragfähige Beziehungen gestalten. Systemische Modellierung einer Kernbestimmung Sozialer Arbeit. Stuttgart: Lucius.

Mittelstraß, Jürgen (Hrsg.) (2008): Der Konstruktivismus in der Philosophie im Ausgang von Wilhelm Kamlah und Paul Lorenzen. Paderborn: mentis.

Moser, Sibylle (2011): Konstruktivistisch Forschen? Prämissen und Probleme einer konstruktivistischen Methodologie. In: Moser, Sibylle (Hrsg.): Konstruktivistisch forschen. Methodologie, Methoden, Beispiele. 2. Aufl. Wiesbaden: Springer VS, S. 9-42.

Mühlum, Albert (Hrsg.) (2004): Sozialarbeitswissenschaft. Freiburg/Br.: Lambertus.

Ochs, Matthias/Schweitzer, Jochen (Hrsg.) (2012): Handbuch Forschung für Systemiker. Göttingen: Vandenhoeck & Ruprecht.

Oswald, Gerhard (1988): Systemansatz und soziale Familienarbeit. Methodische Grundlagen und Arbeitsformen. Freiburg/Br.: Lambertus.

Piaget, Jean (1973): Einführung in die genetische Erkenntnistheorie. Frankfurt/M.: Suhrkamp.

Pfeifer-Schaupp (1995): Jenseits der Familientherapie. Systemische Konzepte in der Sozialen Arbeit. Freiburg/Br.: Lambertus.

Popper, Karl R. (1973): Objektive Erkenntnis. Ein evolutionärer Entwurf. Hamburg: Hoffmann & Campe.

Popper, Karl R. (2005): Logik der Forschung. 11., durchgesehene und ergänzte Aufl. Hrsg. von Herbert Keuth. Tübingen: Mohr Siebeck.

Poser, Hans (2012): Wissenschaftstheorie. Eine philosophische Einführung. 2., überarb. u. erw. Aufl. Stuttgart: Reclam.

Putnam, Hilary (1993): Von einem realistischen Standunkt. Reinbek: Rowohlt.

Reese-Schäfer, Walter (1999): Niklas Luhmann zur Einführung. Hamburg: Junius.

Reich, Kersten (2001): Konstruktivistische Ansätze in den Sozial- und Kulturwissenschaften. In: Hug, Theo (Hrsg.): Wie kommt Wissenschaft zu Wissen? Band 4.: Baltmannsweiler: Schneider Hohengehren, S. 356-376.

Reich, Kersten (2002): Grundfehler des Konstruktivismus – Eine Einführung in das Konstruktivistische Denken unter Aufnahme von 10 häufig gehörten kritischen Einwänden. In: Fragner, Josef/Greiner, Ulrike/Vorauer, Markus (Hrsg.): Menschenbilder. Zur Auslösung der anthropologischen Differenz. Schriften der Pädagogischen Akademie des Bundes in Oberösterreich. Bd. 15. Linz: Trauner, S. 91-112.

Richards, John/Glasersfeld, Ernst von (1994): Die Kontrolle der Wahrnehmung und die Konstruktion von Realität. Erkenntnistheoretische Aspekte des Rückkopplungs-Kontroll-Systems. In: Schmidt, Siegfried J. (Hrsg.): Der Diskurs des Radikalen Konstruktivismus. 6. Aufl. Frankfurt/M.: Suhrkamp, S. 192-228.

Ritscher, Wolf (2007): Soziale Arbeit: systemisch. Ein Konzept und seine Anwendung. Göttingen: Vandenhoeck & Ruprecht.

Rizzolatti, Giacomo/Sinigaglia, Corrado (2008): Empathie und Spiegelneurone. Die biologische Basis des Mitgefühls. Frankfurt/M.: Suhrkamp.

Roesler, Christian (2017): Hohe Klientenzufriedenheit bei begrenzter Problemreduktion. Ein Überblick über die Wirkungsforschung zur Erziehungsberatung und eine empirische Untersuchung des „Diskrepanzphänomens". In: Familiendynamik, 42 (3), S. 220-231.

Rosa, Hartmut (2007): Modernisierung als soziale Beschleunigung – kontinuierliche Steigerungsdynamik und kulturelle Diskontinuität. In: Bonacker, Thorsten/Reckwitz, Andreas (Hrsg.): Kulturen der Moderne. Soziologische Perspektiven der Gegenwart. Frankfurt/M.: Campus, S. 140-173.

Rosa, Hartmut (2016): Resonanz. Eine Soziologie der Weltbeziehung. Berlin: Suhrkamp.

Rusch, Gebhard/Schmidt Siegfried J. (Hrsg.) (1994): Piaget und der Radikale Konstruktivismus. Frankfurt/M.: Suhrkamp.

Satir, Virginia (1996): Selbstwert und Kommunikation. Familientherapie für Berater und zur Selbsthilfe. 12. Aufl. München: pfeiffer.

Scherr, Albert (2002): Soziologische Systemtheorie als Grundlage einer Theorie der Sozialen Arbeit? In: Neue Praxis, 3, S. 258-268.
Scheurle, Hans Jürgen/Fuchs, Thomas (2013): Das Gehirn ist nicht einsam: Resonanzen zwischen Gehirn, Leib und Umwelt. Stuttgart: Kohlhammer.
Schlippe, Arist von/Schweitzer, Jochen (1996): Lehrbuch der systemischen Therapie und Beratung. 2., durchgesehene Aufl. Göttingen: Vandenhoeck & Ruprecht.
Schmidt, Siegfried J. (Hrsg.) (1994a): Der Diskurs des Radikalen Konstruktivismus. 6. Aufl. Frankfurt/M.: Suhrkamp.
Schmidt, Siegfried J. (1994b): Der Radikale Konstruktivismus: Ein neues Paradigma im interdisziplinären Diskurs. In: Schmidt, Siegfried J. (Hrsg.) (1994a): Der Diskurs des Radikalen Konstruktivismus. 6. Aufl. Frankfurt/M.: Suhrkamp, S. 11-88.
Schmidt, Siegfried J. (1994c): Kognitive Autonomie und soziale Orientierung: Konstruktivistische Bemerkungen zum Zusammenhang von Kognition, Kommunikation, Medien und Kultur. Frankfurt/M.: Suhrkamp.
Schmidt, Siegfried J. (2003): Geschichten & Diskurse. Reinbek: Rowohlt.
Schöfthaler, Traugott (1985): Soziologie als interaktionsfreie Kommunikation – Niklas Luhmanns leidenschaftlicher Antihumanismus. In: Das Argument 151, S. 372-383.
Schöll, Illona (1992): Es wechseln die Zeiten … Zum Stand der systemischen Familientherapie. Gedanken aus weiblicher Sicht. In: Zeitschrift für systemische Therapie. 10. Jg., S. 46-56.
Schülein, Johann August/Reitze, Simon (2016): Wissenschaftstheorie für Einsteiger. 4. Aufl. Wien: Facultas.
Schulz von Thun, Friedemann (2019): Miteinander reden 1-4. Sonderausgabe. Berlin: Rowohlt.
Schulz-Schaeffer, Ingo (2000). Akteur-Netzwerk-Theorie: zur Koevolution von Gesellschaft, Natur und Technik. In: Weyer, Johannes (Hrsg.): Soziale Netzwerke: Konzepte und Methoden der sozialwissenschaftlichen Netzwerkforschung. 3., überarb. Aufl. München: De Gruyter Oldenbourg, S. 267-290.
Schwing, Rainer/Fryszer, Andreas (2018) Systemisches Handwerk. 9. Aufl. Göttingen: Vandenhoeck & Ruprecht.
de Shazer, Steve (2019): Der Dreh. Überraschende Wendungen und Lösungen in der Kurzzeittherapie. 14. Aufl. Heidelberg: Auer.
Sennett, Richard (2000): Der flexible Mensch. Die Kultur des neuen Kapitalismus. München: btb.
Sprenkle, Douglas H./Piercy, Fred P. (Hrsg.) (2005): Research Methods in Family Therapy. 2. Aufl. New York: The Guilford Press.
Stark, Wolfgang (1996): Empowerment. Neue Handlungskompetenzen in der psychosozialen Praxis. Freiburg/Br.: Lambertus.
Staub-Bernasconi, Silvia (1986): Soziale Arbeit als eine besondere Art des Umganges mit Menschen, Dingen, Ideen. In: Sozialarbeit, 10, 18. Jg., S. 2-71.
Staub-Bernasconi, Silvia (1994): Soziale Probleme – Soziale Berufe – Soziale Praxis. In: Heiner, Maja et al.: Methodisches Handeln in der Sozialen Arbeit. Freiburg/Br.: Lambertus, S. 11-101.
Staub-Bernasconi, Silvia (2000): Machtblindheit und Machtvollkommenheit Luhmannscher Theorie. In: Roland Merten (Hrsg.): Systemtheorie Sozialer Arbeit. Neue Ansätze und veränderte Perspektiven, Opladen: Leske + Budrich, S. 225-242.
Staub-Bernasconi, Silvia (2007): Soziale Arbeit als Handlungswissenschaft. Bern, Stuttgart, Wien: Haupt.
Stegbauer, Christian (Hrsg.) (2008): Netzwerkanalyse und Netzwerktheorie. Ein neues Paradigma in den Sozialwissenschaften. Wiesbaden: Springer VS.

Stegbauer, Christian/Häußling, Roger (Hrsg.) (2010): Handbuch Netzwerkforschung. Wiesbaden: Springer VS.

Stichweh, Rudolf (2000): Adresse und Lokalisierung in einem globalen Kommunikationssystem. In: Derselbe (Hrsg.): Die Weltgesellschaft. Soziologische Analysen. Frankfurt/M.: Suhrkamp, S. 220-244.

Stichweh, Rudolf (2016): Inklusion und Exklusion: Studien zur Gesellschaftstheorie. 2., erw. Aufl. Bielefeld: transcript.

Stichweh, Rudolf/Windolf, Paul (Hrsg.) (2009): Inklusion und Exklusion: Analysen zur Sozialstruktur und sozialen Ungleichheit. Wiesbaden: Springer VS.

Stierlin, Helm/Rücker-Emden, Ingeborg/Wetzel, Norbert/Wirsching, Michael (2002): Das erste Familiengespräch. 8. Aufl. Stuttgart: Klett-Cotta

Tacke, Veronika (2011): Soziale Netzwerkbildung in Funktionssystemen der Gesellschaft. Vergleichende Perspektiven. In: Bommes, Michael/Tacke, Veronika: Netzwerke in der funktional differenzierten Gesellschaft. Wiesbaden: Springer VS, S. 89-117.

Thiersch, Hans (2015): Soziale Arbeit und Lebensweltorientierung. Konzepte und Kontexte. Gesammelte Aufsätze Band 1. Weinheim, Basel: Beltz Juventa.

Tschamler, Herbert (1996): Wissenschaftstheorie. Eine Einführung für Pädagogen. 3., erw. und neubearb. Aufl. Bad Heilbrunn: Klinkhardt.

Vollmer, Gerhard (1981): Evolutionäre Erkenntnistheorie. Stuttgart: S. Hirzel.

Watzlawick, Paul/Beavin, Janet H./Jackson, Don D. (2017): Menschliche Kommunikation. Formen, Störungen, Paradoxien. 13., unveränderte Aufl. Bern: Hogrefe.

Weiskopf, Richard (2005): Gouvernementabilität: Die Produktion des regierbaren Menschen in post-disziplinären Regimen. In: Zeitschrift für Personalforschung, 19. Jg., Heft 3, S. 289-311.

Welsch, Wolfgang (1988): Postmoderne. Genealogie und Bedeutung eines umstrittenen Begriffs. In: Peter Kemper: „Postmoderne" oder Der Kampf um die Zukunft. Die Kontroverse in Wissenschaft, Kunst und Gesellschaft. Frankfurt/M.: Fischer, S. 9-36.

Weyer, Johannes (Hrsg.) (2002) (2014): Soziale Netzwerke. Konzepte und Methoden der Sozialwissenschaftlichen Netzwerkforschung. 3., überarb. Aufl. München: de Gruyter/Oldenbourg.

Wirth, Jan Volker (2015): Die Lebensführung der Gesellschaft. Grundriss einer allgemeinen Theorie. Wiesbaden: Springer.

Xiaobo, Liu (2011): Ich habe keine Feinde, ich kenne keinen Hass. Ausgewählte Schriften und Gedichte. Frankfurt/M.: Fischer/Büchergilde Gutenberg.